高职高专"十二五"规划精品教材
财经商贸类系列教材

会计学基础
实训与指导（第二版）

**Kuaijixue jichu
shixun yu zhidao**

主　编　李洛嘉
副主编　游秋琳　陈苑红

西南财经大学出版社
Southwestern University of Finance & Economics Press

财经商贸专业系列教材
省级精品教材建设项目

◆ 会计系列实训教材

主 编

李洛嘉

副主编

游秋琳

陈苑红

参 编

谭明智

宫文勇

林方毅

孙 静

姜国平

吴晔波

前　言

会计学基础是绝大多数会计初学者接触到的第一门课程，就像一块进入会计之门的"敲门砖"。会计是一门科学，会计教学是将会计科学的理论与技术传授给学习者的过程。在这一过程中，会计实训是一个必不可少的教学环节。

但是无数教学经历告诉我们，这块砖头也有可能成为我们今后的学习"障碍"。因为在会计学基础中，不仅有我们认为很容易掌握的簿记知识，还有很多比较深奥的会计基本概念、准则以及会计发展史等会计理论知识。为了解决会计教学中的实际问题，不少会计教育工作者通过教学实践，摸索出很多训练方式，但对于会计理论知识似乎除了死记硬背之外，就只有等待以后漫长的学习中慢慢消化了，甚至留到走上工作岗位以后再慢慢理解，因而错过许多可以了解、掌握更多会计知识的机会，更为可惜的是，许多学生由此产生了对会计专业的厌学情绪。

这本会计基础学实验教程与众多会计实训教材最大的不同之处在于：

一是将会计学基础的训练内容扩展到会计理论，创造了一套通俗、实用的会计基础知识的训练模式，摈弃原本对会计基本理论只能通过"名词解释"、"填空"、"单选"、"多选"、"简答"等机械的方法来掌握理论知识的模式，大胆地创设了一个"还原经济生活"的训练思路，精心选取了一些人们熟悉的生产、生活场景和实例作为训练案例，用一种贴近学习者生活、贴近社会、贴近企业生产实际的方式，引导初学者轻松地进入会计知识的殿堂。

二是将会计实训环境放大到社会，而不仅仅局限于会计实验室。现有的会计实训一般是以一本原始凭证、一本记账凭证、一本配有各种会计账页的账本作为会计专业实验的全部资料。实训操作时，常常是将学生固定在一间教室、一个座位上，而从未将目光投射到社会和生产实际的课堂，使学习者误认为会计学习只是几张凭证、几本账的问题。实际上，会计理论的实训更需要学生有更多的社会经济知识体验，这种训练虽不是一朝一夕可以解决，但我们可以给学习者一个导入的路径。

三是在训练方法上实行多种训练方式并举，而不仅仅是根据原始凭证填制凭证、登记账簿、编制报表。本实训教材灵活地借鉴了我国目前教育界多年来有关"课程改革"和"课堂改革"等诸多领域中的

前　言

教学研究成果，将其引入会计实训，以丰富会计实训类型，如探究型实验、合作型实验、自主型实验、体验型实验等都是我们可以很好地应用在会计实训中的方法。更为重要的是，这些方法打破了我们习以为常的训练框框，为构建会计基础理论知识的实验和训练搭建了一个良好的平台，也使我们的实训方法有了一个强有力的理论依据——会计实训是可以通过多种方式进行的。

四是在训练标准上按照国家规定的《会计基础工作规范》组织实训，使本实训教材与会计实务工作结合得更加紧密，更能适应会计职业岗位的规范性要求，避免了一些同类型教材只针对教材内的实训内容进行实训的片面性。

全书采用循序渐进的训练程序和训练方法，随着课程的教学进度，自然而有序地将实训内容引向教学内容的各个知识点，使会计学基础的实训内容能更好地配合整个教学过程。

需要特别提请读者注意的是，本教材应与会计学基础教材配合使用。教师在组织实训前，应当是在会计学基础中的相关内容讲授之后再安排实训。一般可以采用以下几种方式组织实训：

方式一，与会计学基础理论课的教学同步训练，即完成会计学基础理论课某个章节的教学时开始相应内容的训练；

方式二，在会计学基础理论课完成之后，集中一段时间进行训练，待训练结束然后再进行专业会计的教学；

方式三，在会计学基础理论课完成之后，与专业会计的理论课教学同步训练。

各校可根据本校的教学安排和教学对象的实际情况确定具体实训组织方式。

本教材由李洛嘉任主编，游秋琳和陈苑红教授任副主编。全书共分为三篇。第一篇由李洛嘉、谭明智、林方毅编写，第二篇由陈苑红、官文勇、姜国平编写，第三篇由游秋琳、孙静、吴晔波编写。本书由四川财经职业学院副教授余坤和主审。在本书的编写过程中，得到四川常务副总经理卿志立先生的大力支持，特此致谢。

编　者

2010 年 12 月于成都光华村

目　录

第一篇　会计基础知识实训

第二篇 会计基础工作知识训练

目　录

第三篇　会计基本账务处理实训与指导

目 录

第一篇

会计基础知识实训

实训一
会计基本概念知识训练

任务 1　会计核算内容知识

训练目的：

通过训练，初步了解经济活动是会计核算的基本内容。

训练要求：

指出表 1 - 1 - 1 中的会计事项和非会计事项。

训练资料：

表 1 - 1 - 1　　　　　　某企业生产经营过程中所发生的事件列表

序号	事　　件	是否属会计事项
1	企业与投资方负责人签订合作协议	否
2	收到投资方投入的货币资金和设备	是
3	企业董事会确定物料供应单位名单	
4	采购员借支差旅费	
5	采购员外出采购材料	
6	采购员报销差旅费	
7	车间领料员到仓库领材料	
8	库管员发放材料	
9	库管员验收供应单位送来的材料，并办理入库手续	
10	职工领用劳保用品	
11	职工上班签到	
12	生产工人加工产品	
13	生产工人将验收合格的完工产品送交成品库	
14	公司召开中层干部会，研究本季度生产计划	
15	市场部与电视台联系产品广告宣传事宜	

表 1 - 1 - 1（续）

序号	事件	是否属会计事项
16	财务科计算本月应付职工工资	
17	企业召开职工大会	
18	计提本月固定资产折旧费	
19	企业工会举办职工运动会	
20	企业取得银行短期借款	
21	会计人员计算应交税金	
22	用银行存款支付应交税金	
23	财务科向电视台支付产品广告费	
24	客户自行提货	
25	收到销货款	

任务 2　会计主体知识

训练目的：

通过训练了解会计主体的具体形式，理解会计主体的具体含义。

训练要求：

根据表 1 - 2 - 1 中所列单位名称判断其是否属于会计主体，并对确认为会计主体的单位按照表中第一行所列单位类别，在其所属类别对应的一栏打"√"。

训练提示：

在我国 1999 年修改并颁发的《会计法》第一章第二条中，将社会单位分为国家机关、社会团体、公司、企业、事业单位和其他组织六类单位类型，并要求其必须依照会计法办理会计事务。为了帮助学习者认识社会单位的具体形式，本训练中列出了 50 个单位名称，请根据训练要求和会计法的相关规定进行判断其单位类型。

训练资料：

表 1 - 2 - 1　　　　　　　　　会计主体分类表

序号	单位	国家机关	社会团体	公司或企业	事业单位	其他组织
1	全国人民代表大会	√				
2	国家人口和计划生育委员会					
3	国家教育部					
4	省教育厅					
5	市教育局					
6	县教育局					

表 1 - 2 - 1（续）

序号	单　　位	国家机关	社会团体	公司或企业	事业单位	其他组织
7	县教育局局长					
8	国家新闻出版署					
9	省新闻出版局					
10	国家文物管理局					
11	中国财政经济出版社			√		
12	世界自然基金会（中国）					
13	中央电视台					
14	教育部高等教育学会教学研究会					
15	成都市城市河流研究会					
16	人民日报社					
17	新华书店					
18	中国人民银行					
19	中国工商银行					
20	中国民生银行					
21	中国建设银行					
22	中国银行行长					
23	中国工商银行储蓄所					
24	武汉市汉口邮政分局					
25	上海市黄浦电信分局					
26	北京市邮政管理局					
27	清华大学					
28	清华附中					
29	香港中文大学					
30	北京第四中学					
31	龙江路小学					
32	新华印刷厂					
33	汽车制造公司总经理					
34	北京同仁堂					
36	四川同德会计师事务所					
37	南京天宇律师事务所					
38	美洁洗衣店					
39	麦德龙超市					
40	好又多超市					
41	肯德基快餐店					
42	四川省社会科学院					
43	海关总署					
44	南光集团模具中心					

表1-2-1（续）

序号	单 位	国家机关	社会团体	公司或企业	事业单位	其他组织
45	南光集团技术研究所					
46	国家电网公司					
47	国家电网公司北京电力公司					
48	国家电网公司中国电力科学研究院					
49	国家电网公司中国电力财务有限公司					
50	美国银行上海办事处					

任务3　货币计量知识

训练目的：

通过训练，掌握货币计量假设的基本含义。

训练要求：

1. 写出表1-3-1中各项目的计量单位，计算各项目金额。

2. 写出表1-3-2中各项目计量单位属性（在对应的计量单位属性栏中打"√"），指出各项目可以合计的计量单位。

训练资料：

表1-3-1　　　　　会计计量单位及金额确认表

序号	项目名称	数量	计量单位	单价	金额
1	汽车	2	辆	100 000.00	200 000.00
2	厂房	6 000		3 000.00	
3	车床	12		8 000.00	
4	发电机	4		2 000.00	
5	计算机	20		4 000.00	
6	洗衣机	2		1 200.00	
7	铁床	30		150.00	
8	工作服	200		80.00	
9	手套	400		1.00	
10	口罩	400		1.00	
11	苹果	100		4.00	
12	梨子	200		3.00	
13	工人工资	500		30.00	
14	中纤板	200		60.00	
15	玻璃	30		40.00	

表1-3-1（续）

序号	项目名称	数量	计量单位	单价	金额
16	办公桌	10		400.00	
17	手提电钻	6		500.00	
18	包装箱	900		5.00	
19	水泥	150		200.00	
20	钢筋	1 000		6 000.00	

表1-3-2　　　　　　　　会计计量单位对比表

序号	项目名称	计量单位	实物量度计量单位	劳动量度计量单位	货币量度计量单位	可以合计的计量单位
1	应付职工工资	元			√	元
2	实木原料	立方米				
3	电扇	台				
4	空调	台				
5	换气扇	个				
6	铁矿石	吨				
7	产品铸件	个				
8	企业签发的支票款	元				
9	笔记本电脑	个				
10	洗衣粉	袋				
11	木质包装箱	个				
12	合金紧固件	副				
13	应付购货款	元				
14	工人生产工时	小时				
15	应收回的账款	元				
16	氧气瓶	个				
17	安全帽	顶				
18	办公桌	张				
19	库存现金	元				
20	银行存款	元				
21	电表	个				
22	铁钳	把				
23	工具箱	个				
24	厂房占地面积	亩				
25	厂房建筑面积	平方米				

实训二
会计要素与会计恒等式知识训练

任务4　会计要素的识别

训练目的：

通过训练，熟悉会计要素的内容和分类。

训练内容：

根据表2-4-1至表2-4-4中所列项目按照会计要素不同分类标准进行分类。

训练要求：

对表2-4-1至表2-4-4中所列项目逐一识别，并根据表中所列会计要素分类标准在相应的专栏中打"√"。

训练资料：

1. 资产要素分类表（表2-4-1）

表2-4-1　　　　　　　　　　资产要素分类表

序号	项　目	流动资产	非流动资产
1	库存现金		
2	存放在开户银行的款项		
3	收到购货单位交来的商业汇票		
4	应收购货单位货款及代垫运杂费		
5	应收投资利润		
6	应收银行存款利息		
7	存放在异地开户银行的款项		
8	应收职工预借差旅费		

表 2 - 4 - 1（续）

序号	项　　目	流动资产	非流动资产
9	使用中的机器设备		
10	使用中的车间厂房		
11	更新改造的在建工程		
12	专利权和商标权		
13	土地使用权		
14	库存材料		
15	正在生产车间加工的在制品		
16	存放在生产车间半成品库的半成品		
17	库存商品		
18	预付购货款		
19	已付款但尚未验收入库的在途物资		
20	预付下一年房屋租金		

2. 权益要素分类表（表 2 - 4 - 2）

表 2 - 4 - 2　　　　　　　　　　　权益要素分类表

序号	项　　目	负债		所有者权益
		流动负债	长期负债	
1	向银行借入短期借款			
2	应付购货款			
3	预收购货款			
4	应付职工工资			
5	应交增值税			
6	应付银行借款利息			
7	应付投资人利润			
8	向银行借入三年期借款			
9	对外发行债券			
10	应付引进设备款			
11	接受投资者投入的资本			
12	按规定提取盈余公积金			
13	尚未分配的利润			
14	投资者投入的资本溢价			
15	按规定提取公益金			

3. 资产权益要素分类表（表2-4-3）

表2-4-3　　　　　　　　　　　资产权益要素分类表

序号	项　　目	资产	负债	所有者权益
1	企业自主开发的非专利技术			
2	外埠存款			
3	收到购货单位开出的银行汇票			
4	正在进行的设备大修理工程			
5	运输工具			
6	劳保用品			
7	应付职工医药补助费			
8	预收购货单位购货定金			
9	应交水电费			
10	提取职工福利费			
11	应付租入包装物租金			
12	尚未交纳的滞纳金			
13	向被投资单位拨付投资款			
14	将资本公积中的部分溢价转增资本			
15	已提取的盈余公积			

4. 收入费用要素分类表（表2-4-4）

表2-4-4　　　　　　　　　　　收入费用要素分类表

序号	项　　目	会计要素名称	收入	费用
1	企业销售产品取得的收入	主营业务收入		
2	企业提供劳务取得的收入	主营业务收入		
3	企业收到银行支付的存款利息	利息收入		
4	出租固定资产取得的租金	其他业务收入		
5	企业对外投资取得的收入	投资收益		
6	生产工人工资及福利费	生产成本		
7	车间管理人员工资及福利费	制造费用		
8	企业行政管理部门人员工资及福利费	管理费用		
9	出租包装物发生的维修费	其他业务支出		
10	办理银行结算时支付的手续费	财务费用		
11	生产车间计提的折旧费	制造费用		
12	企业办公楼计提的折旧费	管理费用		

表 2 - 4 - 4（续）

序号	项　　目	会计要素名称	收入	费用
13	因销售产品而发生的费用	销售费用		
14	企业购买办公用品的支出	管理费用		
15	支付新产品发布会的费用	销售费用		
16	企业采购科采购人员报销差旅费	管理费用		

任务5　会计恒等式知识

训练目的：

通过训练，掌握会计恒等式的基本含义，理解经济业务与会计恒等式的关系。

训练内容：

根据会计恒等式的含义写出会计恒等式；根据经济业务和会计恒等式验证会计要素的变化对会计恒等式的影响。

训练要求：

根据会计恒等式汇总表（表 2 - 5 - 1）所列会计恒等式的含义，写出相应的会计恒等式。

训练资料：

1. 会计恒等式汇总表

表 2 - 5 - 1　　　　　会计恒等式汇总表

序号	会计恒等式的含义及会计恒等式
1	说明资产、负债、所有者权益关系的会计等式是：
2	说明资产与权益关系的会计等式是：
3	说明负债、所有者权益与权益关系的会计等式是：
4	说明收入、费用与利润关系的会计等式是：

表 2 - 5 - 1（续）

序号	会计恒等式的含义及会计恒等式
5	说明会计六要素关系的会计等式是：
6	说明资产会计要素内各项目之间关系的会计等式是：
7	说明负债会计要素内各项目之间关系的会计等式是：
8	说明所有者权益内各项目之间关系的会计等式是：
9	说明留存收益内各项目之间关系的会计等式是：
10	说明收入会计要素内各项目之间关系的会计等式是：
11	说明费用会计要素内各项目之间关系的会计等式是：
12	说明利润会计要素内各项目之间关系的会计等式是：

任务6　会计恒等式验证表

训练目的：

通过练习，掌握会计恒等式的基本含义，理解经济业务与会计恒等式的关系。

训练要求：

1. 根据表 2 - 6 - 1 所列经济业务，将其增加或减少的金额填入对应的会计要素专栏中，观察合计栏的变化。

2. 将表 2 - 6 - 2 中的每项经济业务的计算过程和结果填写在表中。

训练资料：

1. 会计恒等式验证表（表 2 - 6 - 1）

表 2-6-1

会计恒等式验证表

业务序号	经济业务	会计要素变动项目及金额						期初及经济业务变动后的金额		
		资产		负债		所有者权益		资产	负债	所有者权益
		增加	减少	增加	减少	增加	减少			
0	企业设立时的资产权益							420 000.00	20 000.00	400 000.00
1	以 50 000 元银行存款购买设备	固定资产 50 000.00	银行存款 50 000.00							
2	从银行取得长期借款 100 000 元									
3	以 8 000 元银行存款购买原材料									
4	收到投资人专利投资 30 000 元									
5	从银行提取现金 40 000 元备用									
6	以现金支付职工工资 40 000 元									

注：表 2-6-1 中"会计要素变动项目及金额"栏中各会计要素"增加"、"减少"栏均需分别写出变动项目名称和金额。

2. 会计恒等式验证过程计算表（表2-6-2）

表2-6-2

会计恒等式验证过程计算表

业务1	资产=420 000.00+50 000.00-50 000.00=420 000.00 负债=20 000.00+0-0=20 000.00 所有者权益=400 000.00+0-0=400 000.00	资产=负债+所有者权益 420 000.00=20 000.00+400 000.00	资产=权益 420 000.00=420 000.00
业务2			
业务3			
业务4			
业务5			
业务6			

实训三
会计科目和复式记账知识训练

▲ 特别提示：为简化会计核算，本训练中所有涉及购销业务的核算均不考虑增值税问题。

任务7　会计科目知识

训练目的：

通过训练，了解会计科目与会计要素的关系，熟悉会计科目的分类。

训练内容：

根据表中资料，进行会计要素和会计科目的对比、判断。

训练要求：

1. 根据表 3 - 7 - 1 中的资料，判断所列项目是会计要素或会计科目，并在对应的专栏中打"√"。

2. 根据表 3 - 7 - 2 中会计科目编号，写出会计科目名称，判断其所属类别，并在对应的专栏中打"√"。

3. 指出表 3 - 7 - 3 中的会计科目级别，并在对应的专栏中打"√"。

训练资料：

1. 会计要素和会计科目对比表（表 3 - 7 - 1）

表 3 - 7 - 1　　　　　　会计要素和会计科目对比表

序号	项　目	会计要素	会计科目
1	银行存款		√
2	营业外支出		
3	货币资金		
4	其他货币资金		

表 3-7-1（续）

序号	项　目	会计要素	会计科目
5	期间费用		
6	生产成本		
7	长期负债		
8	资本公积		
9	其他业务成本		
10	所有者权益		
11	坏账准备		
12	原材料		
13	收入		
14	库存商品		
15	累计折旧		
16	利润		
17	无形资产		
18	待处理财产损溢		√
19	应交税费		
20	投资净收益		
21	固定资产		
22	应收款		
23	成本费用		
24	应付职工薪酬		
25	流动资产		
26	长期借款		
27	其他应付款		
28	短期负债		
29	实收资本		
30	库存现金		
31	所得税费用		
32	营业外收支净额		
33	制造费用		
34	营业利润		
35	销售收入		
36	主营业务收入		
37	费用		
38	销售费用		
39	未分配利润		
40	管理费用		
41	财务费用		

表 3 - 7 - 1（续）

序号	项　　目	会计要素	会计科目
42	资产		
43	应收账款		
44	应收票据		
45	负债		
46	应付账款		
47	非流动资产		
48	盈余公积		
49	应付票据		
50	利润分配		

2. 会计科目分类表（表 3 - 7 - 2）

表 3 - 7 - 2　　　　　　　　　　　　会计科目分类表

序号	科目编号	会计科目	资产类	负债类	所有者权益类	成本类	损益类
1	4101	盈余公积			√		
2	2201	应付票据					
3	1002	银行存款					
4	2202	应付账款					
5	6403	营业税金及附加					
6	6301	营业外收入					
7	4002	资本公积					
8	1122	应收账款					
9	5001	生产成本					
10	2203	预收账款					
11	1002	库存现金					
12	2001	短期借款					
13	6001	主营业务收入					
14	2241	其他应付款					
15	6051	其他业务收入					
16	1121	应收票据					
17	2211	应付职工薪酬					
18	6402	其他业务成本					
19	1405	库存商品					
20	1402	在途物资					
21	2501	长期借款					
22	1403	原材料					
23	2502	应付债券					
24	1601	固定资产					

表 3-7-2（续）

序号	科目编号	会计科目	资产类	负债类	所有者权益类	成本类	损益类
25	4001	实收资本					
26	1221	其他应收款					
27	2231	应付利息					
28	1602	累计折旧					
29	6601	销售费用					
30	4104	利润分配					
31	1701	无形资产					
32	6711	营业外支出					
33	5101	制造费用					
34	1901	待处理财产损溢					
35	6111	投资收益					
36	1123	预付账款	√				
37	6401	主营业务成本					
38	2221	应交税费					
39	1401	材料采购					
40	4103	本年利润					
41	1231	坏账准备					
42	6801	所得税费用					

3. 会计科目级次（表 3-7-3）

表 3-7-3　会计科目级次

序号	会计科目名称	一级科目	二级科目	三级科目
1	管理费用	√		
2	办公费			
3	工会经费			
4	原材料			
5	原料及主要材料			
6	修理用备件			
7	圆钢			
8	生产成本			
9	利润分配			
10	提取法定盈余公积			
11	未分配利润			
12	应交税费			
13	应交营业税			
14	应交城市维护建设费			
15	应收账款			

表 3 - 7 - 3（续）

序号	会计科目名称	一级科目	二级科目	三级科目
16	应收 X 单位账款			
17	基本生产成本			
18	制造费用			
19	××生产车间制造费用			
20	其他业务收入			

任务8　会计账户基本结构知识

训练目的：

通过训练，了解会计账户"丁字账"的基本结构，掌握会计账户的基本使用方法。

训练要求：

根据自己对会计账户基本结构的认识，指出表 3 - 8 - 1 中各账户的余额、发生额在"丁字账"的格式下，应当记在"左方"或"右方"。

训练资料：会计账户基本结构确认表

表 3 - 8 - 1　　　　　　　会计账户基本结构确认表

账户名称	期初余额	本期增加发生额	本期减少发生额	期末余额
固定资产	左方	左方	右方	左方
应付票据			左方	
盈余公积			左方	
制造费用	左方	左方		左方
营业外收入			左方	

任务9　会计账户基本要素知识

训练目的：

通过训练，了解会计账户"丁字账"的基本要素及其相互关系，掌握会计账户各要素的计算方法。

训练要求：

根据表 3 - 9 - 1 各账户已有金额，计算出空格中的金额。

训练资料：

会计账户基本要素计算表

表 3 - 9 - 1　　　　　　　　　会计账户基本要素计算表

账户名称	期初余额	本期增加发生额	本期减少发生额	期末余额
库存现金	3 800.00	25 000.00	22 000.00	6 800.00
银行存款		880 000.00	920 000.00	560 000.00
应收账款	30 000.00		25 000.00	25 000.00
原材料	214 000.00	365 000.00	379 000.00	
固定资产	3 286 000.00		306 000.00	3 495 000.00
短期借款		30 000.00	50 000.00	180 000.00
应付账款	15 000.00		12 000.00	9 000.00
实收资本	800 000.00	200 000.00		952 000.00
资本公积	20 100.00		2 000.00	21 100.00
生产成本	130 200.00	680 400.00	700 300.00	

任务 10　复式记账法训练

训练目的：

通过训练，掌握复式记账的基本方法。

训练要求：

根据资料登记银行存款日记账和总账（表 3 - 10 - 1、图 3 - 10 - 1）。

训练提示：

表 3 - 10 - 1 中"记账方向"指"左方"或"右方"。

训练资料：

假设某企业银行存款期初余额为 400 000 元，本月发生以下经济业务：

1. 以 50 000 元银行存款购买设备。
2. 从银行取得长期借款 100 000 元。
3. 以 8 000 元银行存款购买原材料。
4. 从银行提取现金 40 000 元备用。

表 3 - 10 - 1 银行存款日记账

××年		业务号	摘　　要	本期增加数	本期减少数	记账方向	期末余额数
月	日						
略			期初余额			左	400 000.00
		1	购进设备		50 000.00	左	350 000.00
		2					
		3					
		5					

（左方） 银行存款总账 （右方）

期初余额：	业务1　　　　50 000.00
本期发生额： 期末余额：	本期发生额：

图 3 - 10 - 1

任务 11　借贷复式记账法知识

训练目的：

通过训练，掌握借贷复式记账法下有关会计账户基本要素及其计算方法。

训练要求：

1. 根据表 3 - 11 - 1，指出各会计科目采用借贷记账法其余额及发生额应当记入账户"借方"或"贷方"；

2. 完成表 3 - 11 - 2 中未填充的金额。

训练资料：

1. 表 3 - 11 - 1

表 3 - 11 - 1 会计账户基本结构确认表

账户名称	期初余额	本期增加发生额	本期减少发生额	期末余额
固定资产	借方	借方	贷方	借方
应付票据				
盈余公积				
制造费用				
营业外收入				

2. 表 3 – 11 – 2

表 3 – 11 – 2　　　　　　　　会计账户基本要素计算表

账户名称	期初余额		本期发生额		期末余额	
	借或贷	金额	借方	贷方	借或贷	金额
库存商品	借	400 000.00	520 000.00	480 000.00	借	440 000.00
应付债券	贷	406 000.00	20 000.00		贷	396 000.00
在途物资			12 500.00	21 400.00	借	17 500.00
其他应收款	借	1 400.00		900.00	借	2 500.00
应付票据	贷	68 300.00	39 200.00		贷	77 720.00
材料采购	借	38 000.00	64 000.00	38 000.00		
长期借款	贷	800 000.00	200 000.00		贷	750 000.00
应收账款	借	74 100.00		82 300.00	借	80 240.00
生产成本			426 600.00	484 400.00	借	167 200.00
预收账款	贷	50 000.00		46 100.00	贷	62 100.00

任务 12　借贷法记账法训练

训练目的:

通过训练,掌握借贷复式记账法的基本原理。

训练要求:

根据资料采用借贷记账法登记下列"丁字账"账户,并分别结出各账户期末余额。

训练资料:

假设某企业有关账户期初余额如下(见本题中的"丁字账"),本月发生以下经济业务:

1. 以 50 000 元银行存款购买设备。
2. 从银行取得长期借款 100 000 元。
3. 以 8 000 元银行存款购买原材料。
4. 收到投资人专利投资 30 000 元。
5. 从银行提取现金 40 000 元备用。
6. 以现金支付职工工资 40 000 元。

（借方）	固定资产	（贷方）
期初余额：1 800 000.00		
本期发生额： 期末余额：	本期发生额：	

（借方）	银行存款	（贷方）
期初余额：400 000.00		
本期发生额： 期末余额：	本期发生额：	

（借方）	长期借款	（贷方）
	期初余额：600 000.00	
本期发生额：	本期发生额： 期末余额：	

（借方）	原材料	（贷方）
期初余额：400 000.00		
本期发生额： 期末余额：	本期发生额：	

（借方）	无形资产	（贷方）
期初余额：400 000.00		
本期发生额： 期末余额：	本期发生额：	

（借方）	实收资本	（贷方）
	期初余额：800 000.00	
本期发生额：	本期发生额： 期末余额：	

23

（借方）	库存现金	（贷方）
期初余额：6 000.00		
本期发生额： 期末余额：	本期发生额：	

（借方）	应付职工薪酬	（贷方）
	期初余额：40 000.00	
本期发生额：	本期发生额： 期末余额：	

任务 13　经济业务分析方法训练

训练目的：

通过训练，认识会计账户记录经济业务的内容，熟悉会计账户对经济业务的表达方式。

训练要求：

1. 根据（表 3 – 13 –1）中的摘要分析每段摘要所反映经济业务的类型。
2. 根据经济业务分析结果编写相应的会计分录。

训练资料：

会计分录表

表 3 – 13 – 1   会计分录表

业务	摘　要	业务类型	会计分录
1	收到投资人投资，存入银行。	资产 + 所有者权益 +	借：银行存款　　　300 000.00 　贷：实收资本　　　　　300 000.00
2	以银行存款购进原材料。		
3	产品生产领用原材料。		
4	结转入库完工产品成本。		
5	销售产品，款已收。		
6	结转已售产品生产成本。		
7	以存款支付销售费用。		

任务 14　会计分录编制程序训练

训练目的：

通过训练熟练掌握会计分录的编制程序。

训练内容：

根据经济业务写出处理会计分录的重要分析步骤。

训练要求：

1. 根据经济业务和会计项目名称写出会计科目。
2. 根据会计科目写出科目类别。
3. 根据经济业务写出会计项目变动方向（增加或减少）。
4. 根据经济业务和会计项目变动方向写出会计科目记账方向（借方或贷方）。

5. 写出会计科目应记入金额。

6. 根据表 3 – 14 – 1 将会计分录填写在表 3 – 14 – 2 中。

训练资料：

1. 表 3 – 14 – 1

表 3 – 14 – 1　　　　　　　　会计分录分析表

序号	经济业务	会计项目	科目类别	会计科目	增加或减少	借或贷	应记入金额
1	以现金支付采购员预借差旅费 3 000 元	应收款	资产	其他应收款	增加	借	3 000.00
		现金	资产	库存现金	减少	贷	3 000.00
2	将现金 5 000 元存入银行	银行存款					
		现金					
3	收到进账通知，预收购货单位货款 8 000 元	银行存款					
		预收款					
4	开出商业汇票10 000元，用于抵付应付购货款	应付款					
		应付票据					
5	收到投资人以投入资金 100 000 元，存入银行	银行存款					
		资本					
6	结转无法偿还的欠款 2 400 元	应付账					
		营业外收入					

2. 表 3 – 14 – 2

表 3 – 14 – 2　　　　　　　　会计分录表

业务	应借、应贷会计科目	金额
1	借：其他应收款	3 000.00
	贷：库存现金	3 000.00
2		
3		
4		
5		
6		

25

任务 15   会计分录编制训练

训练目的：

通过训练熟练掌握会计分录的编制方法。

训练要求：

根据经济业务直接写出会计分录（表 3 – 15 – 1）。

训练资料：

表 3 – 15 – 1   会计分录表

业务 1	开出现金支票 5 000 元，提取现金备用。	
	借：其他应收款	3 000.00
	贷：库存现金	3 000.00
业务 2	以现金支付购买办公用品的 800 元。	
业务 3	生产车间领用原材料 3 000 元。	
业务 4	产品完工验收入库，生产成本 6 000 元。	
业务 5	收到投资人转来投资款 150 000 元。	
业务 6	收到供货单位发来的原材料 16 000 元，材料已验收入库，款已预付。	

任务 16   会计分录编制训练

训练目的：

通过训练熟练掌握会计分录的分析方法。

训练内容：

根据已编制的会计分录分析会计分录所反映的经济业务内容。

训练要求：

根据表 3 – 16 – 1 中所列会计分录，写出其所反映的经济业务。

训练资料：

表 3 – 16 – 1 会计分录表

业务 1	借：应付工资 　贷：库存现金	9 000.00 9 000.00
	以现金 9 000 元支付职工工资。	
业务 2	借：其他应收款——备用金（龙华） 　贷：库存现金	4 000.00 4 000.00
业务 3	借：银行存款 　贷：预收账款	18 000.00 18 000.00
业务 4	借：生产成本 　贷：制造费用	4 000.00 4 000.00
业务 5	借：银行存款 　贷：库存现金	1 500.00 1 500.00
业务 6	借：固定资产 　贷：应付账款	50 000.00 50 000.00

27

任务 17　会计分录编制训练

训练目的：

通过训练，掌握经济业务摘要的编写方法。

训练内容：

根据已编制的会计分录写出每笔会计分录所反映经济业务的摘要。

训练资料：

表 3 - 17 - 1 会计分录摘要练习表

业务	会计分录		摘要
1	借：销售费用——广告费 贷：银行存款	5 000.00 5 000.00	支付广告费
2	借：管理费用——差旅费 贷：其他应收款——备用金（周平）	1 200.00 1 200.00	
3	借：生产成本 贷：原材料——原料及主要材料	4 000.00 4 000.00	
4	借：固定资产——运输设备 贷：银行存款	80 000.00 80 000.00	
5	借：银行存款 贷：应收账款——南宇公司	20 000.00 20 000.00	
6	借：应交税金——应交所得税 贷：银行存款	13 600.00 13 600.00	

任务18 资金筹集经济业务的核算

训练目的：

通过训练，掌握资金筹集经济业务核算方法。

训练资料：

恒永公司20××年3月发生以下经济业务：

1. 3月1日，公司由于临时性资金周转需要向银行借入资金3 000 000元，借款期限三个月，年利率为9%。借款手续已办妥，款项已收存银行。

2. 3月3日，接受国家投入资本2 800 000元，存入公司银行存款账户。

3. 3月5日，收到旺盛公司一项专利技术投资，经评估确认专利技术价值600 000元，相关手续已办妥。

4. 3月6日，收到茂明公司投入生产设备一套，投出单位账面原价800 000元，双方协商确认价值820 000元，设备已投入使用。

5. 3月20日，公司因技术改造向银行借入资金4 000 000元，借款期限三年，年利率为10%。借款手续已办妥，款项已收存银行。

6. 3月24日，以银行存款偿还到期短期借款100 000元。

7. 3月31日，计提本月应负担的短期借款利息44 000元。

8. 3月31日，以银行存款支付本季度借款利息33 000元（季度内已预提利息

22 000 元）。

训练要求：

根据资料中的经济业务编制会计分录并填写在分录表（表 3 – 18 – 1）中。

表 3 – 18 – 1   分录表

| 业务号 | ××年 | | 摘   要 | 会 计 分 录 |
	月	日		
1				
2				
3				
4				
5				
6				
7				
8				

任务 19 供应过程经济业务的核算

训练目的：

通过训练，供应过程经济业务的核算方法。

训练资料：

恒久公司 20××年 3 月发生以下经济业务：

1. 3 月 4 日，企业用银行存款购入设备一台，货款 100 000 元，增值税 17 000 元，设备已交生产车间使用。

2. 3 月 7 日，向北方公司购入 A 材料 1 000 千克，单价 400 元，计货款 400 000 元，增值税 68 000 元，供货方代垫运费 1 000 元，货税款尚未支付，材料未入库。

3. 3 月 9 日，向北方公司采购的 A 材料已运达并验收入库。

4. 3 月 12 日，向东方工厂采购 A 材料 500 千克，单价 400 元，B 材料 700 千克，单价 500 元，取得的增值税专用发票注明买价 550 000 元，增值税 93 500 元；货税款已付，材料未到。

5. 3 月 13 日，向东方工厂采购的 A、B 材料运到验收入库，增值税专用发票上注明对方代垫的运杂费 6 000 元，增值税 420 元。已用以银行存款支付（运杂费按材料重量比例分配）。

6. 3 月 15 日，按合同规定以银行存款向南方公司预付购买 B 材料货款 350 000 元。

7. 3 月 20 日，向南方公司采购 B 材料 900 千克，单价 500 元，取得的增值税专用发票注明买价 450 000 元，增值税 76 500 元；货税款已预付，材料已验收入库。

8. 3 月 22 日，以银行存款补付南方公司的购料款 176 500 元。

9. 3 月 25 日，以银行存款偿还前欠北方公司的购料款 469 000 元。

训练要求：

根据资料中的经济业务编制会计分录并填写在分录表（表 3 - 19 - 1）中。

表 3 - 19 - 1 分录表

业务号	××年		摘　要	会　计　分　录
	月	日		
1				
2				
3				
4				
5				
6				
7				
8				
9				

任务 20 生产过程经济业务的核算

训练目的：

通过训练，掌握生产过程经济业务的核算方法。

训练资料：

1. 恒顺公司 20××年 3 月初在产品成本如表 3－20－1 所示。

表 3－20－1　　　　　　　　　　期初在产品成本

产品名称	直接材料	直接人工	制造费用	合　计
甲产品	15 000.00	4 560.00	3 640.00	23 200.00
乙产品	28 000.00	11 400.00	6 600.00	46 000.00

2. 恒顺公司 20××年 2 月发生以下经济业务：

（1）3 月 1 日，仓库发出 A 材料 600 000 元，其中：甲产品生产耗用 350 000 元，乙产品生产耗用 200 000 元，车间耗用 20 000 元，行政管理部门耗用 30 000 元。

（2）3 月 3 日，以现金支付采购员林芳预借差旅费 9 000 元。

（3）3 月 8 日，企业签发现金支票购入办公用品一批，其中生产车间领用 5 000 元，管理部门 7 000 元。

（4）3 月 9 日，林芳出差归来报销差旅费 8 820 元，余款退回现金。

（5）3 月 10 日，从银行提取现金 280 000 元，以备发放工资。

（6）3 月 10 日，以现金 280 000 元支付职工工资。

（7）3 月 31 日，分配本月工资费用 280 000 元，其中：甲产品生产工人工资 120 000 元，乙产品生产工人工资 100 000 元，车间管理人员工资 20 000 元，企业行政管理部门人员工资 40 000 元。

（8）3 月 31 日，按工资总额 2% 和 1.5% 计算提取工会经费和职工教育经费。

（9）3 月 31 日，计提本月固定资产折旧费 58 000 元，其中：车间 35 000 元，行政管理部门 23 000 元。

（10）3 月 31 日，以银行存款支付本月水电费，其中生产车间 17 200 元，管理部门 24 800 元。

（11）3 月 31 日，将本月发生的结转制造费用分配计入产品成本中（制造费用按生产工时比例分配，其中：甲产品为 150 000 工时，乙产品为 100 000 工时）。

（12）3 月 31 日，甲产品 1 000 件，乙产品 500 件全部生产完工验收入库，计算结转完工产品成本。

训练要求：

1. 根据"期初在产品成本"（表 3－20－1）资料设置"生产成本明细账"（表 3－20－4 至表 3－20－5）。

2. 根据资料中的经济业务编制会计分录并填写在分录表（表3-20-2）中。

3. 设置并登记"制造费用明细账"（表3-20-3），按生产工时比例分配制造费用。

4. 根据会计分录登记"制造费用明细账"和"生产成本明细账"。

5. 根据核算结果编制"完工产品成本汇总表"（表3-20-6）。

表3-20-2　　　　　　　　　　　　分录表

| 业务号 | ××年 | | 摘　　要 | 会　计　分　录 |
	月	日		
1				
2				
3				
4				
5				
6				
7				
8				
9				
10				
11				
12				

表 3 - 20 - 3　　　　　　　　　　　　　　**制造费用明细账**

车间：生产车间

××年		凭证		摘　　要	材料费	人工费	办公费	水电费	折旧费	合　计
月	日	字	号							

表 3 - 20 - 4　　　　　　　　　　　　　　**生产成本明细账**

产品名称：　　　　　　　　　　　　　　　　　　　　　　　　　完工产品产量：

年		凭证		摘　　要	直接材料	直接人工	制造费用	合　计
月	日	字	号					

表 3 - 20 - 5　　　　　　　　　　　　　　**生产成本明细账**

产品名称：　　　　　　　　　　　　　　　　　　　　　　　　　完工产品产量：

年		凭证		摘　　要	直接材料	直接人工	制造费用	合　计
月	日	字	号					

表 3 - 20 - 6

完工产品成本汇总表

年　　月　　日　　　　　　　　　　　　　　单位：

成本项目	产品（　　件）		产品（　　件）		合　计
	总成本	单位成本	总成本	单位成本	
直接材料 直接人工 制造费用					
产品生产成本					

任务 21　销售过程经济业务的核算

训练目的：

通过训练，掌握销售过程经济业务的核算方法。

训练资料：

恒发公司 20××年3月发生以下经济业务：

1. 3月2日，公司向美达公司销售甲产品 200 件，增值税专用发票所列单价 1 200 元，货款为 240 000 元，增值税额为 40 800 元，货税款已收存银行。

2. 3月5日，根据合同规定，公司预收西蜀公司购买产品的货款 150 000 元。

3. 3月10日，公司以银行存款交纳上月应交城建税 5 750 元。

4. 3月14日，公司向金地公司销售甲产品 500 件，增值税专用发票所列单价 1 200 元，货款为 600 000 元，增值税额为 102 000 元；销售乙产品 200 件，增值税专用发票所列单价 1 500 元，货款为 300 000 元，增值税额为 51 000 元，收到对方签发的商业承兑汇票。

5. 3月18日，公司以银行存款支付应由本公司负担销售产品包装、运输费的 5 000 元。

6. 3月20日，向芒洪公司销售乙产品 100 件，每件 1 500 元，计货款 150 000 元，增值税 25 500 元，货税款尚未收到。

7. 3月23日，以银行存款 400 000 元支付产品宣传广告费。

8. 3月28日，收到华光公司前欠货款 175 500 元，存入银行。

9. 3月31日，计算结转本月已销产品销售成本，甲产品单位成本为 580 元/件；乙产品单位成本为 800 元/件。

10. 3月31日，计算结转本月销售产品应交的城建税 8 400 元，教育费附加 3 600 元。

训练要求：

根据资料中的经济业务编制会计分录并填写在分录表（表 3 - 21 - 1）中。

表 3 - 21 - 1　　　　　　　　　　　**分录表**

业务号	××年 月	××年 日	摘　　要	会　计　分　录
1				
2				
3				
4				
5				
6				
7				
8				
9				
10				

任务22　财务成果经济业务的核算

训练目的：

通过训练，掌握财务成果经济业务的核算方法。

训练资料：

1. 20××年3月1日至30日恒茂公司损益类账户发生额如下：

主营业务收入	500 000	销售费用	40 000
其他业务收入	30 000	管理费用	45 000
营业税金及附加	4 000	财务费用	14 000
其他业务成本	20 000	营业外支出	3 000

2. 20××年3月31日，恒茂公司有下列经济业务：

（1）以银行存款交纳上月所得税 8 000 元。

（2）以银行存款向灾区捐款 10 000 元。

（3）将西洁公司因违反合同约定的交付的购货定金 2 000 元转做营业外收入。

（4）以银行存款支付财产保险费 3 000 元，预订报刊费 1 000 元。

（5）结转本月产品销售成本 250 000 元。

（6）假设本月应交增值税为 15 000 元，按其7%和3%分别计算应交城市维护建设税和教育费附加。

（7）将本月损益类账户发生额转入"本年利润"账户，并计算出利润总额。

（8）按利润总额（不考虑调整因素）的25%计算并结转所得税，再计算本月净利润。

（9）设当年1~3月净利润为 300 000 元，按一季度净利润的10%和45%分别计提法定盈余公积和向投资者分配利润。

（10）年终，假设该公司结转所得税及计提法定盈余公积和应付利润后，"本年利润"和"利润分配"账户及所属二级账户余额如下：

本年利润　　　　　　　　　　　850 000　　（贷方）

利润分配——提取法定盈余公积　500 000　　（借方）

　　　　——应付利润　　　　　260 000　　（借方）

请将有关账户余额结转至"利润分配—未分配利润"账户，并计算出本年未分配利润。

训练要求：

1. 根据资料中的经济业务编制会计分录并填写在分录表（表3-22-1）中。

2. 计算当月的营业收入、营业成本、营业利润、利润总额及净利润。

表3-22-1　　　　　　　　　　　　　分录表

| 业务号 | ××年 | | 摘　要 | 会　计　分　录 |
	月	日		
1				
2				
3				
4				

表 3 - 22 - 1（续）

业务号	××年		摘　要	会　计　分　录
	月	日		
5				
6				
7				
8				
9				
10				

实训四
会计账户平行登记

任务 23　会计账户平行登记程序基本方法训练

训练目的：

通过训练，掌握会计账户平行登记的基本原理和方法。

训练内容：

根据经济业务编制会计分录，根据会计分录按照平行登记要求登记有关总账和明细分类账。

训练要求：

1. 根据表 4 - 23 - 1 的资料登记有关总账和明细分类账（丁字账）中的期初余额。

2. 根据经济业务编制会计分录（表 4 - 23 - 2）。

3. 根据会计分录（表 4 - 23 - 2）登记有关总账和明细分类账（丁字账）中的发生额并结出余额。

4. 根据各总分类账（丁字账）中的余额填写账户核对表（表 4 - 23 - 3）。

训练提示：

只登记原材料、应付账款总账及所属明细账。

训练资料：

1. 会计账户期初余额表（表 4 - 23 - 1）

表 4-23-1　　　　　　　　　会计账户期初余额表

一级科目	二级科目	三级科目	期初余额	一级科目	二级科目	期初余额
原材料	原料及主要材料	甲材料	120 000.00	应付账款	A 公司	38 000.00
		乙材料	64 000.00		B 公司	29 000.00
	辅助材料	丙材料	48 000.00		C 公司	74 000.00
	小　计		232 000.00		小　计	141 000.00

2. 经济业务

业务 1：生产车间领用甲材料 4 000 元，乙材料 3 000 元。

业务 2：开出商业承兑汇票 35 000 元，用于抵付 A 公司欠款。

业务 3：购进乙材料 6 000 元，丙材料 3 000 元，验收入库，料款当即支付。

业务 4：收到 B 公司发来的甲材料 30 000 元，验收入库，款未付。

业务 5：从 C 公司购进计算机 10 台，货款 50 000 元，款暂欠。

业务 6：支付前欠 B 公司货款 29 000 元。

3. 会计分录表（表 4-23-2）

表 4-23-2　　　　　　　　　会计分录表

业务 1	借：生产成本	7 000.00
	贷：原材料——原料及主要材料（甲材料）	4 000.00
	——料及主要材料（乙材料）	3 000.00
业务 2		
业务 3		
业务 4		
业务 5		
业务 6		

4. 丁字账

<table>
<tr><td colspan="2" align="center">原材料</td><td colspan="2" align="center">应付账款</td></tr>
<tr><td>期初余额：232 000.00</td><td></td><td></td><td>期初余额：141 000.00</td></tr>
<tr><td>本期发生额：
期末余额：</td><td>本期发生额：</td><td>本期发生额：</td><td>本期发生额：
期末余额：</td></tr>
</table>

<table>
<tr><td colspan="2" align="center">原材料——原料及主要材料</td><td colspan="2" align="center">原材料——辅助材料</td></tr>
<tr><td>期初余额：184 000.00</td><td></td><td>期初余额： 48 000.00</td><td></td></tr>
<tr><td>本期发生额：
期末余额：</td><td>本期发生额：</td><td>本期发生额：
期末余额：</td><td>本期发生额：</td></tr>
</table>

<table>
<tr><td colspan="2" align="center">原材料——原料及主要材料（甲材料）</td><td colspan="2" align="center">应付账款——A 公司</td></tr>
<tr><td>期初余额：120 000.00</td><td></td><td></td><td>期初余额： 38 000.00</td></tr>
<tr><td>本期发生额：
期末余额：</td><td>本期发生额：</td><td>本期发生额：</td><td>本期发生额：
期末余额：</td></tr>
</table>

<table>
<tr><td colspan="2" align="center">原材料——原料及主要材料（乙材料）</td><td colspan="2" align="center">应付账款——B 公司</td></tr>
<tr><td>期初余额： 64 000.00</td><td></td><td></td><td>期初余额： 29 000.00</td></tr>
<tr><td>本期发生额：
期末余额：</td><td>本期发生额：</td><td>本期发生额：</td><td>本期发生额：
期末余额：</td></tr>
</table>

<table>
<tr><td colspan="2" align="center">原材料——原料及主要材料（丙材料）</td><td colspan="2" align="center">应付账款——C 公司</td></tr>
<tr><td>期初余额： 48 000.00</td><td></td><td></td><td>期初余额： 74 000.00</td></tr>
<tr><td>本期发生额：
期末余额：</td><td>本期发生额：</td><td>本期发生额：</td><td>本期发生额：
期末余额：</td></tr>
</table>

5. 账户核对表（表4-23-3）

表4-23-3   账户核对表

一级科目	二级科目	三级科目	期初余额	本期借方发生额	本期贷方发生额	期末余额
原材料	原料及主要材料	甲材料	120 000.00	30 000.00	4 000.00	146 000.00
		乙材料				
	辅助材料	丙材料				
	小 计					
应付账款	A公司					
	B公司					
	C公司					
	小 计					

任务 24　采购成本计算

训练目的：

通过训练掌握采购成本的计算方法。

训练内容：

根据训练资料确定采购成本项目，计算采购成本。

训练要求：

1. 根据表 5 – 24 – 1 中经济业务，写出各采购业务的采购成本项目。
2. 根据表 5 – 24 – 1 中经济业务资料，计算表中的采购成本。

训练资料：

1. 采购成本计算表（表 5 – 24 – 1）

表 5 – 24 – 1　　　　　　　　　　　　采购成本计算表

业务 1	广立公司向速达公司购入 A 材料 8 000 千克，单价 12 元。收到达成工厂开来的增值税专用发票，价款 96 000 元，增值税 16 320 元，铁路运费 800 元，货款及增值税均以银行存款支付，A 材料已验收入库。	
	采购成本项目	
	采购成本计算	A 材料采购成本 =

表 5-24-1（续）

业务 2	宏远公司向南盟工厂购入 B 材料 4 000 千克，单价 5 元，C 材料 1 000 千克，单价 15 元。宏远公司收到南盟工厂开来的增值税专用发票，货款 35 000 元，增值税率 17%，公路运费 1 000 元，货款、运费及增值税均未支付，B、C 两种材料均已验收入库。请分别计算 B、C 材料的采购成本，运费按 B、C 材料重量比例分配。	
	采购成本项目	
	采购成本计算	运费分配标准 = B 材料采购成本 = C 材料采购成本 =
业务 3	金铭厂从齐力公司购买运回的 D 材料 3 000 千克，单价 9 元，增值税 4 590 元，材料验收时发现途中损耗 300 千克，经请示同意计入合理损耗。请计算 D 材料的单位采购成本	
	采购成本项目	
	采购成本计算	D 材料单位采购成本 =
业务 4	松林公司向中新工厂购入 E 材料 6 000 千克，单价 5 元。松林公司收到中新工厂开来的增值税专用发票，增值税率 17%，运费 1 200 元，入库时支付装卸费 200 元。	
	采购成本项目	
	采购成本计算	B 材料采购成本 =

任务 25　生产成本计算

训练目的：

通过训练掌握产品生产成本的计算方法。

训练内容：

根据训练资料确定成本项目，计算产品生产成本。

训练要求：

1. 根据表 5-25-1 中经济业务，写出各项经济业务的生产成本项目。
2. 根据表 5-25-1 中经济业务资料，计算表中的产品生产成本。

训练资料：

产品生产成本计算表（表 5-25-1）

表 5 – 25 – 1　　　　　　　　产品生产成本计算表

业务 1	某企业基本生产车间加工甲产品完工 500 件，共发生以下生产费用：材料费 3 000 元，生产工人工资 1 200 元，制造费用 800 元。请计算甲产品的总成本和单位成本。	
	生产成本项目	
	生产成本计算	总成本 = 单位成本 =
业务 2	某企业第一和第二生产车间共同加工乙产品，完工 600 件，发生以下生产费用：一车间材料费 1 500 元，生产工人工资 900 元，制造费用 600 元；二车间材料费 1 200 元，生产工人工资 700 元，制造费用 400 元。请计算乙产品的总成本和单位成本。	
	生产成本项目	
	生产成本计算	一车间生产成本 = 二车间生产成本 = 乙产品总成本 =
业务 3	某企业基本生产车间本月加工完成丙产品 300 件，材料费 3 000 元，生产工人工资 2 600 元；丁产品完工 400 件，材料费 4 700 元，生产工人工资 2 500 元。该车间本月制造费用 4 200 元。请计算丙产品和丁产品的总成本，制造费用按产量比例分配。	
	生产成本项目	
	生产成本计算	制造费用分配率 = 丙产品总成本 = 丁产品总成本 =
业务 4	某企业基本生产车间本月加工完成戊产品 200 件，材料费 4 000 元，生产工人工资 2 000 元，制造费用 1 100 元；己产品投产 400 件，完工 150 件，材料费 5 800 元，生产工人工资 4 800 元，制造费用 1 500 元。该车间本月 2 400 元。请分别计算戊产品和己产品完工产品总成本。	
	生产成本项目	
	生产成本计算	制造费用分配率 = 戊产品总成本 = 己产品总成本 =

44

任务 26　销售成本计算

训练目的：

通过训练掌握销售成本的计算方法。

训练内容：

根据训练资料确定销售数量，计算销售成本。

训练要求：

1. 根据表 5 - 26 - 1 中经济业务，写出各销售业务的销售数量。
2. 根据表 5 - 26 - 1 中经济业务资料，计算表中的销售成本。

训练资料：

销售成本计算表（表 5 - 26 - 1）

表 5 - 26 - 1　　　　　　　　　　　　销售成本计算表

业务 1	翔宇公司向舟山制造厂出售产品，其中 A 产品 1 800 件，每件售价 28 元，单位生产成本 20 元；B 产品 4 400 件，每件售价 14 元，单位生产成本 10 元，货款共计 112 000 元，增值税 19 040 元，货款及增值税均未收到。请分别计算 A、B 产品的销售成本。
	销售数量：A 产品销售数量 =　　　　　B 产品销售数量 =
	销售成本计算：A 产品销售成本 = B 产品销售成本 =
业务 2	昂立公司向永明公司出售产品，其中 C 产品 700 件，每件售价 30 元，单位生产成本 22 元；D 产品 800 件，每件售价 18 元，单位生产成本 12 元，增值税率17%，用现金支付销售产品包装费、装卸费等销售费用 600 元，货款及增值税均已收到。请按产品销售数量分配销售费用，并分别计算 C、D 产品的销售成本。
	销售数量：C 产品销售数量 =　　　　　D 产品销售数量 =
	销售成本计算：单位产品销售费用 = C 产品销售成本 = D 产品销售成本 =
业务 3	航信公司为欧立得公司进行大刑设备维修共 120 小时，根据双方协议，欧立得公司每小时应向航信公司支付维修费 50 元，另有维修用材料 3 000 元。航信公司向维修人员支付的工资每小时 30 元。请计算航信公司该次劳务的销售成本。
	销售数量
	销售成本计算：维修费用（成本）=
业务 4	兴达公司向美岭公司出售多余材料，其中甲材料 2 000 千克，账面单价 32 元，售价 40 元；乙材料 3 000 千克，账面单价 40 元，售价 45 元；价款收讫并存入银行。请计算该批材料的销售成本。
	销售数量：甲材料 =　　　　　乙材料 =
	销售成本计算：甲材料销售成本 = 乙材料销售成本 =

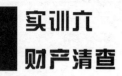

任务 27　银行存款的清查

训练目的：

通过训练掌握银行存款的清查方法。

训练要求：

1. 根据表 6 – 27 – 1 和表 6 – 27 – 2 的记录进行核对，并将核对结果登记在"勾对"栏和"备注"栏。两表核对相符的业务在"勾对"栏打"√"，对核对不相符的业务在"备注"写明不相符的原因。

2. 根据表 6 – 27 – 1 和表 6 – 27 – 2 编制未达账项勾对结果汇总表（表 6 – 27 – 3）；

3. 根据表 6 – 27 – 3 编制银行存款余额调节表（表 6 – 27 – 4）。

训练资料：

表 6 – 27 – 1　　　　某企业银行存款日记账账面记录及对账后勾对资料

序号	经济业务内容	勾对	备注
1	3 月 1 日转支 1246 号付料款 30 000.00 元，贷方记 30 000.00	√	
2	3 月 1 日转支 1247 号付料款 59 360.00 元，借方记 59 360.00		
3	3 月 1 日存入销货款 43 546.09 元，借方记 43 546.09		
4	3 月 2 日存入销货款 36 920.29 元，借方记 36 920.29		
5	3 月 2 日转支 1248 号上交上月税金 76 566.43 元，贷方记 76 566.43		

表 6 - 27 - 1（续）

序号	经济业务内容	勾对	备注
6	3 月 3 日存入销货款 46 959.06 元，借方记 46 959.06		
7	3 月 3 日取现备用 20 000.00 元，贷方记 20 000.00		
8	3 月 4 日转支 1249 号付料款 64 500.00 元，贷方记 64 500.00		企业已开出转账支票入账，银行尚未入账。
9	3 月 4 日存入销货款 40 067.75 元，借方记 40 067.75		
10	3 月 4 日转支 1250 号付职工养老保险金 29 100 元，贷方记 29 100.00		
11	3 月 5 日存入销货款 64 067.91 元，借方记 64 067.91		
12	3 月 5 日转支 1251 号付汽车修理费 4 500.00 元，贷方记 4 500.00		
13	3 月 5 日自查后账面余额为 506 000.52 元		

表 6 - 27 - 2 **银行出具的 3 月 5 日银行对账单及对账后勾对资料**

序号	经济业务内容	勾对	备注
1	2 日转支 1246 号付出 30 000.00 元，借方记 30 000.00	√	
2	2 日转支 1247 号付出 59 369.00 元，借方记 59 360.00		
3	2 日收入存款 43 546.09 元，贷方记 43 546.09		
4	3 日收入存款 36 920.29 元，贷方记 36 920.29		
5	3 日转支 1248 号付出 76 566.43 元，借方记 76 566.43		
6	4 日收入存款 46 959.06 元，贷方记 46 959.06		
7	4 日付出 20 000.00 元，借方记 20 000.00		
8	4 日代交电费 12 210.24 元，借方记 12 210.24		银行已代交支出，企业尚未入账。
9	3 月 4 日存入销货款 40 067.75 元，借方记 40 067.75		

表 6 - 27 - 2（续）

序号	经济业务内容	勾对	备注
10	5 日收存货款 43 000.00 元，贷方记 43 000.00		
11	5 日转支 1250 号付出 29 100.00 元，借方记 29 100.00		
12	5 日代付电话费 5 099.32 元，借方记 5 099.32		
13	5 日余额为 536 623.05 元		

注：银行登记企业银行存款的记账方向与企业相反。银行记"贷方"表示企业存款增加，银行记"借方"，表示企业存款减少。

表 6 - 27 - 3   未达账项勾对结果汇总表

序号	企业未入账	金额	序号	银行未入账	金额
1			1		
2			2		
3			3		

表 6 - 27 - 4   银行存款余额调节表

项 目	金 额	项 目	金 额
调节前企业存款日记账账面余额		调节前银行对账单余额	
加：银行已收，企业未收		加：企业已收，银行未收	
减：银行已付，企业未付		减：企业已付，银行未付	
调节后的余额		调节后的余额	

任务 28　实物的清查

训练目的：

通过训练掌握永续盘存制下的财产清查程序和核算方法。

训练要求：

1. 根据"清查结果汇总表"（表 6－28－1）编制本月"材料账存实存对比表"（表 6－28－2）和"固定资产账存实存对比表"（表 6－28－3）。

2. 根据材料账存实存对比表和固定资产账存实存对比表编制会计分录（表 6－28－4）。

训练资料：

表 6－28－1　　　　　　　　　　　清查结果汇总表

序号	某企业月末进行财产清查时发现的会计事项	处理意见
1	A 材料账存 500 千克，实存 495 千克，单价 20 元；B 材料账存 400 千克，实存 415 千克，单价 10 元。	经核实，系计量误差造成，作为管理费用予以转销。
2	存货清查中发现 C 材料账存 800 千克，实存 820 千克，单价 16 元，D 材料账存 915 千克，实存 900 千克，单价 12 元。	经核实，C 材料为供货方多发材料 D 材料系保管不善造成，应由责任人杨晴赔偿 30%，其余作管理费用核销。
3	盘亏设备 2 台。经查：一台是编号为 3151 精密仪表车床，规格型号 CM0635C，原价 80 000 元，已提折旧 20 000 元，账存 5 台；另一台是编号为 4158 双头仪表车床，规格型号 CM0632C，原价 100 000 元，已提折旧 40 000 元，账存 6 台。	经核实，盘亏设备系意外原因导致设备丢失。经有关部门批准列作营业外支出。

表 6－28－2　　　　　　　　　　　材料账存实存对比表

单位名称：（略）　　　　　　　　　　　年　　月　　日　　　　　　　　　　　单位：元

编号	名称	计量单位	单价	账存		实存		对比结果				备注
								盘盈		盘亏		
				数量	金额	数量	金额	数量	金额	数量	金额	
合计												

单位负责人签章：黄亦康　　　　　　　　　　　　　　　填表人签章：向永强

表6-28-3　　　　　　　　　　　　　　**材料账存实存对比表**

单位名称：（略）　　　　　　　　　年　月　日　　　　　　　　　　单位：万元

编号	名称	规格	计量单位	单价	账存		实存		对比结果				备注
									盘盈		盘亏		
					数量	金额	数量	金额	数量	金额	数量	金额	
合计													

表6-28-4　　　　　　　　　　　　　　**会计分录表**

序号	会计事项	会计分录
1	盘亏 A材料	批准处理前： 经核实，A材料盘亏系计量误差造成，予以转销：
2	盘盈 B材料	批准处理前： 经核实，乙材料盘盈系计量误差造成，予以转销：
3	盘盈 C材料	批准处理前： 经核实，乙材料盘盈系供货商打包多装造成，予以转销：
4	盘亏 D材料	批准处理前： 经核实，甲材料系保管不善造成，应由责任人赔偿30%，其余作管理费用核销：

表 6 - 28 - 4（续）

序号	会计事项	会计分录
5	盘亏设备	在查明原因前的账务处理：
		经批准核实后，列作营业外支出，账务处理：

任务 29　往来款项的清查

训练目的：

通过训练掌握往来款项清查的基本程序和核算方法。

训练要求：

1. 根据"往来款项勾对结果汇总表"（表 6 - 29 - 1）编制"往来款项清查报告单"（表 6 - 29 - 2）。

2. 根据"往来款项清查报告单"中的处理意见，编制会计分录（表 6 - 29 - 3）。

训练资料：

1. 往来款项

表 6 - 29 - 1　　　　　　　　往来款项勾对结果汇总表

序号	企业账面记录	已付金额（账面数）	对方复函	处理意见
1	应收账款——A 公司	30 000.00	对方未收到结账凭证	不做处理
2	应收账款——B 公司	24 000.00	未复函	呆账，可转作坏账损失
3	应付账款——C 公司	45 200.00	未复函	转作营业外收入
4	应付账款——D 公司	27 820.00	有争议，对方要求支付 30 000 元	部分货物不符要求，企业已部分拒付，暂不处理。
5	预付账款——E 公司	52 800.00	对方未收到结算凭证	不做处理

表 6 – 29 – 2　　　　　　　　　　　**往来款项清查报告单**

编制单位：（略）　　　　　　　　　　　　　　　　　　　　　单位：元

| 总账及明细分类账户名称 | 账面金额 | 对方对账结果 | 核对不符原因分析 | | | 备注 |
			未达账项	有争议金额	其他	
应收账款						
A 公司						
B 公司						
应付账款						
C 公司						
D 公司						
预付账款						
E 公司						
合　计						

清查人员：袁玉玲　　　　　　　　　　　　　　　　记账人员：郝乐

表 6 – 29 – 3　　　　　　　　　　　**会计分录表**

序号	会计事项	会计分录
1	转销 A 公司应收账款	
2	转销 C 公司应付账款	

实训七
会计核算组织程序

任务 30 记账凭证核算程序

训练目的：

通过训练，熟悉记账凭证核算组织程序的特点，掌握其核算组织程序。

训练内容：

根据训练资料完成。

训练要求：

1. 根据图 7 – 30 – 1 写出记账凭证核算组织程序基本工作流程。
2. 根据所学会计知识，填写表 7 – 30 – 1 和表 7 – 30 – 2。
训练提示：表 7 – 30 – 1 只写基本步骤（下同）。

训练资料：

1. 记账凭证核算组织程序图（图 7 – 30 – 1）

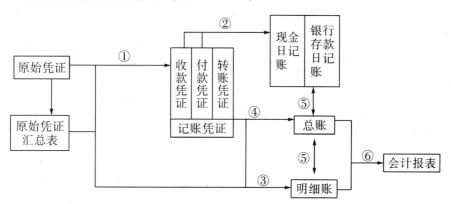

图 7 – 30 – 1 记账凭证核算组织程序图

2. 记账凭证核算组织程序说明（表7-30-1）

表7-30-1　　　　　　　　　　核算组织程序说明表

程序号	核 算 程 序（基本步骤）
①	
②	
③	
④	
⑤	
⑥	

3. 记账凭证核算组织程序评价（表7-30-2）

表7-30-2　　　　　　　　　　核算组织程序评价表

优点	
缺点	
适用范围	

任务31　科目汇总表核算程序

训练目的：

通过训练，熟悉科目汇总表核算组织程序的特点，掌握其核算组织程序。

训练内容：

根据训练资料完成有关训练内容。

训练要求：

1. 根据图7-31-1写出科目汇总表核算组织程序基本工作程序。

2. 根据科目汇总表核算组织程序的特点，填写表7-31-1和表7-31-2。

训练资料：

1. 科目汇总表核算组织程序图（图7-31-1）

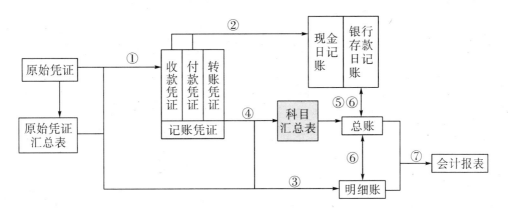

图 7 - 31 - 1　核算组织程序图

2. 科目汇总表核算组织程序说明（表 7 - 31 - 1）

表 7 - 31 - 1　　　　　　　　　　**核算组织程序说明表**

程序号	核 算 程 序（基本步骤）
①	
②	
③	
④	
⑤	
⑥	
⑦	

3. 科目汇总表核算组织程序评价（表 7 - 31 - 2）

表 7 - 31 - 2　　　　　　　　　　**核算组织程序评价表**

特点	
优点	
缺点	
适用范围	

任务 32　汇总记账凭证核算程序

训练目的：

通过训练，熟悉汇总记账凭证核算组织程序的特点，掌握其核算组织程序。

训练内容：

根据训练资料完成有关训练内容。

训练要求：

1. 根据图 7 – 32 – 1 写出汇总记账凭证核算组织程序基本工作程序。
2. 根据汇总记账凭证核算组织程序的特点，填写表 7 – 32 – 1 和表 7 – 32 – 2。

训练资料：

1. 汇总记账凭证核算组织程序图（图 7 – 32 – 1）

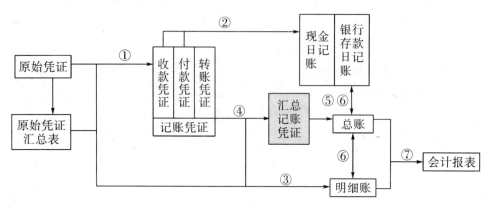

图 7 – 32 – 1　核算组织程序图

2. 汇总记账凭证核算组织程序说明（表 7 – 32 – 1）

表 7 – 32 – 1　　　　　　　　　　核算组织程序说明表

程序号	核 算 程 序（基本步骤）
①	
②	
③	
④	
⑤	
⑥	
⑦	

3. 汇总记账凭证核算组织程序评价（表 7 - 32 - 2）

表 7 - 32 - 2　　　　　　　　　核算组织程序评价表

特点	
优点	
缺点	
适用范围	

第二篇

会计基础工作知识训练

实训一 会计核算工具

任务1　手工核算工具的识别

训练目的：

通过训练认识手工账会计核算工具。

训练内容：

根据图例识别会计工作中常用的核算工具。

训练要求：

1. 根据图1-1-1中的图片，将其编号填写在表1-1-1中对应的会计核算工具名称"编号"栏中。

2. 根据图1-1-1中的图片简要说明其用途，并填写表1-1-1中的"用途"栏。

训练资料：

1. 会计用品图例（图1-1-1）

图1-1-1　会计用品图例

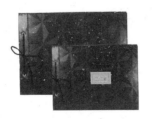

会计账夹（编号：1）　　　　　　　　档案盒（编号：2）

会计凭证封面（编号：3）

会计账本（编号：4）

会计科目章（编号：5）

湿手器（编号：6）

滚筒式打号器（编号：7）

碎纸机（编号：8）

会计报表封面（编号：9）

多功能票夹（编号：10）

单色印台（编号：11）

收银机（编号：12）

会计凭证粘贴单（编号：13）

笔筒（编号：14）

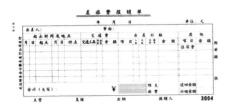

差旅费报销单（编号：15）

订书机（编号：16）

自动打号机（编号：17）

打孔机（编号：18）

印章原子油（编号：19）

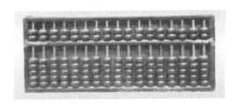

普通算盘（编号：20）

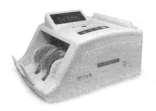

点钞机（编号：21）

档案柜（编号：22）

复写纸（编号：23）

回行针（编号：24）

付款凭证（编号：25）

剪刀（编号：26）

计算器（编号：27）

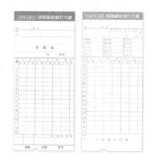

考勤卡（编号：28）

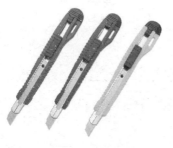

美工刀（编号：29）

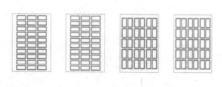

口取纸（编号：30）

起钉器（编号：31）

电子算盘（编号：32）

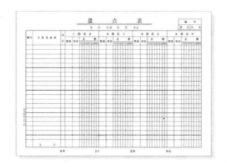

盘点表（编号：33）

票据夹（编号：34）

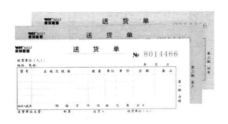

送货单（编号：35）

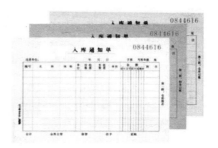

入库通知单（编号：36）

便携式保险箱（编号：37）

橡胶圈（编号：38）

表 1 - 1 - 1　　　　　　　　　　会计用品名称和用途一览表

序号	名　　称	图片编号	用　　途
1	差旅费报销单		
2	笔筒		
3	会计凭证粘贴单		
4	打孔机		
5	自动打号机		
6	订书机		
7	会计账夹		
8	会计凭证封面		
9	档案盒		

序号	名　称	图片编号	用　途
10	会计账本		
11	会计科目章		
12	湿手器		
13	收银机		
14	单色印台		
15	多功能票夹		
16	滚筒式打号器		
17	会计报表封面		
18	碎纸机		
19	普通算盘		
20	印章原子油		
21	档案柜		
22	点钞机		
23	口取纸		
24	起钉器		
25	美工刀		
26	计算器		
27	考勤卡		
28	电子算盘		
29	票据夹		
30	盘点表		
31	手提金库		
32	付款凭证		
33	剪刀		
34	橡胶圈		
35	入库通知单		
36	送货单		
37	回行针		
38	复写纸		

任务2 电算化核算工具的识别

训练目的：

通过训练了解会计电算化核算工具。

训练内容：

认识会计实务中最常用的会计电算化核算工具。

训练要求：

1. 根据训练资料中图1-2-1中的图片，将其编号填写在表1-2-1中对应的会计核算工具名称"编号"栏中。

2. 根据训练资料图1-2-1中的图片简要说明其用途，并填写表1-2-1中的"用途"栏。

训练资料：

1. 会计用品图例（图1-2-1）

图1-2-1 会计用品图例

金蝶财务软件（编号：39）

会计凭证（编号：40）

计算机机箱（编号：41）

鼠标（编号：42）

计算机键盘（编号：43）

用友财务软件（编号：44）

商务通软件包（编号：45）

计算机显示器（编号：46）

U盘（编号：47）

用友日记账账页（编号：48）

复印机（编号：49）

管家婆会计软件（编号：50）

用友总账账页（编号：51）

打印机（编号：52）

扫描仪（编号：53）

录像带（编号：54）

打印机墨盒（编号：55）

装订机（编号：56）

重型打孔机（编号：57）

光盘（编号：58）

69

2. 会计用品名称和用途一览表（表1－2－1）

表1－2－1　　　　　　　会计用品名称和用途一览表

序号	名　称	图片编号	用　途
39	鼠标		
40	计算机键盘		
41	用友财务软件		
42	计算机显示器		
43	会计凭证		
44	金蝶财务软件		
45	U 盘		
46	计算机机箱		
47	商务通软件包		
48	用友总账账页		
49	扫描仪		
50	打印机		

表 1-2-1（续）

序号	名　称	图片编号	用　途
51	用友日记账账页		
52	复印机		
53	重型打孔机		
54	装订机		
55	光盘		
56	录像带		
57	管家婆会计软件		
58	打印机墨盒		

实训二 会计凭证

任务3 会计凭证分类

训练目的：

通过训练掌握会计凭证的分类。

训练内容：

根据训练资料中的会计凭证（表2-3-1至表2-3-30），按照不同的分类标准进行分类。

训练要求：

1. 按照下列会计凭证不同的填制程序和用途，将其分为原始凭证和记账凭证，并将分类结果按照凭证序号填写在表2-3-31中的"分类1"栏中。

2. 按照下列原始凭证的不同来源，将其分为外来原始凭证和自制原始凭证，并将分类结果按照凭证序号填写在表2-3-31中的"分类2"栏中。

3. 按照下列原始凭证填制经济业务数量多少不同，将其分为单项原始凭证和汇总原始凭证，并将分类结果按照凭证序号填写在表2-3-31中的"分类3"栏中。

4. 按照下列记账凭证的不同格式，将其分为通用格式和专用格式凭证，并将分类结果按照凭证序号填写在表2-3-31中的"分类4"栏中。

5. 按其下列记账凭证对经济业务反映的方式不同，将其分为单式记账凭证和复式记账凭证，并将分类结果按照凭证序号填写在表2-3-31中的"分类5"栏中。

训练资料：

1. 会计凭证（表2-3-1至表2-3-30）

表 2 - 3 - 1　　　　　　　　　记账凭证（通用格式）

记账凭证

年　月　日　　　　　顺序号第　　号

摘　要	总账科目	明细科目		借　方										贷　方									
				千	百	十	万	千	百	十	元	角	分	千	百	十	万	千	百	十	元	角	分
合　　　计																							

附件

张

会计主管　　　　记账　　稽核　　　　　　　　填制

表 2 - 3 - 2　　　　　　　　　银行转账支票存根

中国工商银行转账支票存根

支票号码　No：5312249

科　　　目

对方科目

签发日期 2010 年 12 月 8 日

收款人：KDP 有限责任公司职工工资户
金额：248 581.50 元
用途：发放职工工资及其他款项并支付银行手续费
备注：手续费为 94.40 元

单位主管　李平　　　　　会计　杨林

复核　马明　　　　　　　记账　孔忠

表 2 - 3 - 3

增值税专用发票

四川增值税专用发票

5100014140

四 川
抵扣联

№ 00202105

开票日期：2010 年 12 月 31 日

购货单位	名 称：乐山市锦绣装饰公司 纳税人识别号：514081395230721 地 址、电话：乐山市锦绣路 7 号 开户行及账号：工行嘉州支行 40580013254	密码区	272 * 12 - 4#275〈1 + 67 * 54 * 085371〉〈8002 * 59 * 09140 〈1〈3 * 2842 - 9〉2 * + 453〈/9 * 01/3〉 * 〉〉6 - 2 * 0/9/〉〉88

货物或应税劳务名称	规格型号	单位	数量	单价	金额	税率	税额
中密度纤维板		张	1 200	245.00	294 000.00	17%	49 980.00
合计					¥294 000.00	17%	¥49 980.00

价税合计（大写）	⊗ 人民币 叁拾肆万叁仟玖佰捌拾圆整	¥343 980.00 元

销货单位	名 称：乐山市家乐装饰材料有限公司 纳税人识别号：514093862387652 地 址、电话：乐山市西城区万新路 16 号 开户行及账号：工行嘉州支行 40586123768	备注	乐山市家乐装饰材料有限公司 514093862387652 发票专用章

收款人： 复核： 开票人：王洁 销货单位：（章）

表 2 - 3 - 4

城建税、教育附加费缴款书

中华人民共和国

隶属关系：区级

经济类型：有限责任公司

行业：木产品生产

城市维护建设税、教育费附加缴款书

地

川地税缴（10）第 34718 号

		填制日期：2010 年 12 月 15 日			征收机关：市地税局	
缴款单位	代码	514093862387652		款	城建税、教育费附加	
	全称	乐山市家乐装饰材料有限公司	预算科目	项	城市一般	
	开户银行	工行嘉州支行		级次	区级	
	账号	40586123768	收缴国库		市金库	

税款所属时间：2010 年 11 月 1 日至 2010 年 11 月 30 日　　　　限缴日期：2010 年 12 月 15 日

品目名称	课税数量	计税金额或销售收入	税率	已缴或扣除额	实缴金额
城建税		5 600.00	7%		392.00
教育费附加		5 600.00	3%		168.00

中国工商银行四川省分行
嘉州支行
2010年12月15日
转

逾期　　天，每日按税款　　　　　加收滞纳金

金额合计（大写）人民币伍佰陆拾圆整

乐山市家乐装饰材料有限公司
财务专用章

乐山市地方税务局
业务专用章

上列款项已收妥并划转国库（盖章）

2010 年 12 月 15 日

缴款单位（盖章）　　　　税务机关（盖章）

表 2 - 3 - 5　　　　　　　　　　　　银行信汇凭证（回单）

中国工商银行**信汇**凭证（回单）　1

委托日期　2010 年 12 月 11 日　　　　　　　　　　　第　号

汇款人	全　称	乐山市家乐装饰材料有限公司		收款人	全　称	峨眉山市林业开发公司									此联汇出行给汇款人的回单
	账号住或址	40586123768			账号住或址	59812758637									
	汇出地点	乐山市西城区万新路16号	汇出行全称	工行嘉州支行		汇入地点	四川省峨眉山市	汇入行名称	峨眉支行						

金额	人民币（大写）	零万叁仟伍佰零拾零元零角零分	十万	千	百	十	元	角	分
			¥ 3	5	0	0	0	0	

汇款用途：预付货款

（中国工商银行四川省分行 嘉州支行 2010年12月11日 转讫 汇出行盖章）　2010 年 12 月 11 日

单位主管　　　会计　　　复核　　　记账

表 2 - 3 - 6　　　　　　　　　　　　借款单

借　款　单

2010 年 12 月 1 日

部　　门	供应科	姓名	张昕	借款用途	西安考察
借款金额	人民币（大写）壹仟伍佰圆整（¥1 500.00 元）				

实际报销金额		节余金额		审核意见	同意借款。
		超支金额			张志刚

（现金付讫）

备注		结账日期　　年　月　日

财务主管　张志刚　　　　　出纳　文静　　借款人签章　张昕

表 2 - 3 - 7　　　　　　　　　　　　非税收入通用票据

川财 0203

四川省政府非税收入通用票据

0915657028

填制日期：2010 年 12 月 23 日

收到：兰风电子公司

项目名称	数量	单位	标准	金　　额								第二联 记账联
				百	十	万	千	百	十	元	角	分
新会计制度培训费	10	人	80				8	0	0	0	0	
金额合计（大写）：零佰零拾零万零仟捌 佰零拾零元零角零分								¥ 8	0	0	0	0

（成都市财会职业学院 财务专用章）

收款单位（印章）　　　　收款人：杨咏　　　　　经手人：黄林

表 2-3-8 转账凭证

转 账 凭 证

年 月 日 顺序号第 号

摘 要	总账科目	明细科目		借 方	贷 方	
				千百十万千百十元角分	千百十万千百十元角分	
						附件
						张
合　计						

会计主管　　　　记账　　　　　　　　　稽核　　　　　　填制

表 2-3-9 银行贷款凭证（收账通知）

贷款凭证（3）（收账通知）

2010 年 12 月 13 日

贷款单位	乐山市家乐装饰材料有限公司	种类	短期	贷款户账号·	工行嘉州支行40586123768	
金　额	人民币（大写）贰拾万圆整。				千百十万千百十元角分	
					￥2 0 0 0 0 0 0 0	
用　途	流动资金周转借款	单位申请期限	自 2010 年 9 月 13 日起至 2010 年 12 月 13 日			
		银行核定期限	自 2010 年 9 月 13 日起至 2010 年 12 月 13 日			

上述贷款已核准发放贷款，并已划入你单位账号。

月利率4.88‰　　　　　　　　2010 年 12 月 13 日

银行签章

中国工商银行四川省分行
嘉州支行分录
2010年12月13日
收入
付出
复核
主管　　记账　　会计

转讫

产成品出库通知单

2010 年 12 月 1 日

编号	名称	规格	单位	应发数量	实发数量	单位成本	实际成本								附注
							十	万	千	佰	十	元	角	分	
	A		件	300	300	60.00		1	8	0	0	0	0	0	
	合计			300	300		¥	1	8	0	0	0	0	0	

会计：　　　　仓库主管：　　　　保管：王兰　　　　经发：　　　　制单：

收 款 凭 证

借方科目：　　　　年　月　日　　　　　　　　　　　　收字第　　号

摘　要	贷方科目		贷方金额										附件
	一级科目	明细科目	千	百	十	万	千	百	十	元	角	分	
													张
合　　计													

会计主管　　　　记账　　　　　　　　　稽核　　　　　填制

表 2 - 3 - 12　　　　　　　　增值税专用发票

重庆市增值税专用发票

发票联

31007689　　　　　　　　　　　　　　　　　　5375691028

开票日期：2010 年 12 月 4 日

购货单位	名　　称	KDP 有限责任公司		税务登记号	1 3 6 0 8 0 4 6 4 6 4 3 6 7 4	
	地址、电话	成都市和平路 10 号 5553769		开户银行及账号	工行成都市分行友谊路分理处 55667855	

货物或应税劳务名称	规格型号	计量单位	数量	单价	金　　额 佰十万千百十元角分	税率（%）	税　　额 万千百十元角分
甲材料		公斤	800	25.00	2 0 0 0 0 0	17%	3 4 0 0 0 0
合　　计			800		￥ 2 0 0 0 0 0		￥ 3 4 0 0 0 0
价税合计	人民币贰万叁仟肆佰零拾零元零角零分						
备　　注							

销货单位	名　称	飞宇公司	税务登记号	5 6 6 7 3 4 2 4 0 4 1 1 3 1 3
	地址、电话	重庆沙平坝 7328157	开户银行及账号	工行沙平坝支行

销货单位（章）　　　收款人：赵丹　　　复核：　　　　　　开票人：王强

第一联：购货方记账凭证

表 2 - 3 - 13　　　　　　　　公路货运收费发票

重庆市公路货运收费发票

发　票　联

开户银行　工行新华支行

账　　号　5326　　　　　　　　　2010 年 12 月 4 日

托运单位	飞宇公司	受理单位			受理编号	78			
装货地点	飞宇公司	承运单位		重庆货运公司	运输合同				
卸货地点	KDP 有限责任公司				计费里程	500 公里			

货物名称	件数	包装	规格	托运重量	货物等级	计费运输量 运量 周转量		费率 空驶率 运价率 比价率		金额 万千百十元角分
甲材料				800 公斤						5 0 0 0 0

包车原因		包车费率	
加减成条件		加减成　　%	
合计金额（大写）	人民币五佰圆整	合计	￥ 5 0 0 0 0

制票单位（章）　　　制票人：金洪　　　复核：　　　　收费章

第二联　运费收据托运单位报销凭证

领料单

2010 年 12 月 6 日

材料编号	材料名称	规格	用途	数量		计量单位	单价	实际成本
				请领	实领			
23	甲料		生产 A 产品	1 500	1 500	公斤		
合计				1 500	1 500	公斤		

主管   记账   发料   领料部门   一车间   领料人：王许

成都市公路货运收费发票

开户银行　工行光华支行   发　票　联   2560622

账　　号　658977723   2010 年 12 月 10 日

托运单位	金泽公司		受理单位				受理编号					110					
装货地点	KDP 有限责任公司		承运单位		成都货运公司		运输合同									
卸货地点	KDP 有限责任公司						计费里程					50 公里				
货物名称	件数	包装	规格	托运重量	货物等级	计费运输量		费率			金额					
						运量	周转量	空驶运率	运价率	比价率	万	千	百	十	元	角	分
丙材料				100 公斤								2	0	0	0	0
包车原因								包车费率								
加减成条件								加减成		%						
合计金额（大写）	人民币贰佰圆整							合计			￥	2	0	0	0	0

制票单位：   制票人：李苏   复核：   收费章

表 2 - 3 - 16 　　　　　　　　　　收料单

收 料 单

2010 年 12 月 6 日 　　　　　　　　　　　　　　　　收料仓库：一库

材料名称	规格	计量单位	数量		实 际 成 本					
			应收	实收	买价		运杂费	其他	合计	单位成本
					单价	金额				
甲材料		千克	800	800	25.00	20 000.00	465.00		20 465.00	25.58
合计			800	800		20 000.00	465.00		￥20 465.00	25.58

记账：　　　　　　　　　收料：　　　　　　　　　　制单：

表 2 - 3 - 17 　　　　　　　　　（货站）货票

货 票

计划号码或合同号码：00117

发站	上海站	到站	成都东站	车种车号		货车标重		承运人/托运人装车			
经由		货物运到期限		铁路篷布号码							
运价里程		保价金额						现付费用			
托运人名称及地址		上海阳光公司				费别	金额	费别	金额		
收货人名称及地址		KDP 有限责任公司				运费	200.00	装卸费	90.00		
货物名称		品名代码	件数	货物质量	计费重量	运价号	运价率	基金	10.00		
乙材料				500 公斤							
合计								210.00		90.00	
集装箱号码											
记事							合计	300.00			

日期：2010 年 12 月 6 日

表 2 – 3 – 18　　　　　　　　　　银行委托收款凭证

委托收款凭证（付款通知）　5

委托日期 2010 年 12 月 5 日

委邮

收款期限　年 月 日

付款人	全　　称	乐山市家乐装饰材料有限公司	收款人	全　称	雅安市林业开发公司
	账号或地址	40586123768		账　号	31211319412
	开户银行	工行嘉州支行		开户银行	工行雅安支行

委收金额	人民币（大写）	壹拾肆万零肆佰圆整	千	百	十	万	千	百	十	元	角	分
				¥	1	4	0	4	0	0	0	0

款项内容	销货款	委托收款凭证名称		附寄单证	

备注：

上列款项：
1. 已全部划回或入你方账户
2. 已收回部分款项收入你方账户。
3. 全部未收到。

（付款人开户银行盖章）
2010 年 12 月 5 日

中国工商银行四川省分行
嘉州支行
2010年12月5日
转讫

单位主管　　会计　　复核　　记账　　　　　付款人开户银行收到日期 2010 年 12 月 5 日

此联付款人开户银行给付款人按期付款的通知

80

表 2 – 3 – 19　　　　　　　　　付款凭证

付 款 凭 证

贷方科目：　　　　年　　月　　日　　　　　　　　　　　付字第　　号

摘　　要	借方科目		借方金额									
	一级科目	明细科目	千	百	十	万	千	百	十	元	角	分
合　　计												

会计主管　　　记账　　　　　　　　　　　稽核　　　　　填制

附件　　　张

表 2 - 3 - 20　　　　　　　　　土地使用权证明书

土地使用权证明书

转入或购入单位：KDP 有限责任公司

转出或出售单位：市国土资源局　　　　2010 年 12 月 13 日　　　　　　　编号：005

名称	单位	数量	单价	金额	备注	
土地使用权	宗	2	100 000.00	200 000.00	取得使用权 40 年	
合计		2		200 000.00		

转入单位主管：　购入单位（公章）　　转出单位主管：转出单位（公章）　　制单：李平

表 2 - 3 - 21　　　　　　　　　保险公司保险费收据

中国人民保险公司保险费收据

2010 年 12 月 22 日

交款人	KDP 有限责任公司	付款方式	支票
交款事由	2011 年度汽车保险费	保险单号	76425
金额（大写）人民币陆仟圆整	中国人民保险公司四川省分公司 财务专用章		
盖章：			

第二联　发票

会计主管 吴凯　　记账　　　审核　　　出纳 史基　　经办 王刚

表 2 - 3 - 22　　　　　　　　　大修理费用摊销计算表

固定资产大修理费用摊销计算表

（内部转账单）

转账日期：2010 年 12 月 31 日

项　　目	费用总额	发生日期	摊销期限	已摊销额	本期应摊销	备注
大修理费用	300 000.00	2010 年 1 月	2 年	137 500.00	12 500.00	该项修理费是车间 MHK 设备费用
合计	300 000.00			137 500.00	12 500.00	

制单：刘文

表 2 – 3 – 23　　　　　　　　　　　坏账准备计算单

坏账准备计算单

2010 年 12 月 31 日

期末"应收账款"账户余额	提取比例	计提后坏账准备余额	计提前坏账准备账户余额		实际应提坏账准备
			借或贷	余额	
600 000.00	1%	600.00	贷	380.00	220.00

制单：刘文

表 2 – 3 – 24　　　　　　　　　　　发料凭证汇总表

发料凭证汇总表

2010 年 12 月 31 日

领料部门	甲材料			乙材料			合计金额
	数量	单价	金额	数量	单价	金额	
生产 A 产品	200	5.00	1 000.00	300	3.00	900.00	1 900.00
生产 B 产品	100	5.00	500.00	150	3.00	450.00	950.00
合计			1 500.00			1 350.00	2 850.00

表 2 – 3 – 25　　　　　　　　　借款计息通知（付款通知）

中国工商银行四川省分行
借款计息通知（付款通知）

签发日期：2010 年 12 月 31 日

付款人	全称	KDP 有限公司		收款人	全称	市工商银行								
	账号	55667855			账号	1 – 12345								
	开户银行	友谊分理处	清算行号		开户银行	工行跳分处	清算行号							
金额	人民币（大写）	捌仟陆佰圆整				千 百 十 万 千 百 十 元 角 分								
						8 6 0 0 0 0								
结息期	10～12 月结息		计息积数		利率									
备注：10 月和 11 月已预提利息 5 200.00 元						工行友谊路分理处（章）								

中国工商银行成都市
友谊路分理处
2010 年 12 月 31 日
转讫

表 2 - 3 - 26　　　　　　材料盘盈（亏）报告表

材料盘盈（亏）报告表

2010 年 12 月 31 日

仓库：1、2、3 号仓库

品　名	规格	计量单位	单价	数量		金额	原因
				盘盈	盘亏		
甲材料		千克	33.00		5	165.00	管理不善
乙材料		千克	80.00	10		800.00	计量差错
丙材料		千克					
丁材料		千克					

处理意见：甲材料因"管理不善"而造成的盘亏由保管员王东赔偿 50%，其余作管理费用处理；乙材料因计量差错而造成的盘盈，冲减管理费用。

主管：李平　　　　会计：杨林　　　　仓库负责人：杨建明　　　　保管：金山、马婷

表 2 - 3 - 27　　　　　　托收承付凭证（收账通知）

托收承付凭证（收账通知）

委托日期　2010 年 12 月 7 日

付款人	全称	上海天诚实业公司	收款人	全称	KDP 有限责任公司		
	账号或地址	675663		账号	55667855		
	开户银行	工行滨海路分理处		开户银行	工行成都市友谊路分理处	行号	3456

托收金额	人民币（大写）叁万伍仟玖佰圆整	十万	千	百	十	元	角	分
		¥3	5	9	0	0	0	0

附件		商品发运情况		合同名称号码	
附寄单证张数		已发			478
备注：		上列款项已由付款人开户行全额划回并收入你方账户内（开户银行盖章）	转账 单位主 复核		

中国工商银行成都市
友谊路分理处
年　月　日
2010年12月15日
转账
记账
讫

付款人开户银行收到日期 2010 年 12 月 7 日　　　　　支付日期 2010 年 12 月 8 日

表 2 - 3 - 28　　　　　　银行现金支票存根

中国工商银行现金支票存根

支票号码　№：1412626

科　目	
对方科目	
签发日期 2010 年 12 月 1 日	
收款人：四川省公路运输公司	
金额：200.00 元	
用途：垫付汽车运输费	
备注：	

单位主管　李平　　　会计　杨林
复核　马明　　　　记账　孔忠

表 2 - 3 - 29

工资结算汇总表

工资结算汇总表
2010 年 12 月

部门		基本工资	岗位工资	工龄工资	付食品补贴	应扣病假工资	房贴	应付职工薪酬	补贴款项 合计	代扣款项						实发金额
										养老保险金	住房公积金	工会会费	储蓄	个人所得税	合计	
一车间	生产工人	26 834.00	20 060.84	918.00	7 548.00	1 489.76	140.50	54 011.58	4 157.50	2 060.40	2 697.10	270.06	1 860.00	294.58	7 182.14	50 986.94
	管理人员	2 281.00	1 684.94	70.00	592.00	0.00	11.00	4 638.94	325.00	167.60	221.90	23.19	290.00	37.95	740.64	4 223.30
	小计	29 115.00	21 745.78	988.00	8 140.00	1 489.76	151.50	58 650.52	4 482.50	2 228.00	2 919.00	293.25	2 150.00	332.53	7 922.78	55 210.24
二车间	生产工人	38 752.00	30 227.17	2 042.00	10 064.00	1 104.00	185.50	80 166.67	5 547.50	3 106.60	3 958.30	400.83	2 480.00	810.32	10 756.05	74 958.12
	管理人员	3 159.00	2 338.70	154.00	740.00	0.00	37 025.00	6 406.20	407.50	246.24	310.30	32.03	350.00	78.30	1 016.87	5 796.83
	小计	41 911.00	32 565.87	2 196.00	10 804.00	1 104.00	200.00	86 572.87	5 955.00	3 352.84	4 268.60	432.86	2 830.00	888.62	11 772.92	80 754.95
装配车间	生产工人	24 753.00	19 556.12	1 098.00	7 400.00	1 228.80	148.00	51 726.32	4 075.00	1 973.04	2 536.20	258.63	2 050.00	236.32	7 054.19	48 747.13
	管理人员	2 128.00	1 618.41	64.00	592.00	183.80	11.00	4 229.61	327.50	149.20	201.40	21.15	210.00	23.48	605.23	3 951.88
	小计	26 881.00	21 174.53	1 162.00	7 992.00	1 412.60	159.00	55 955.93	4 402.00	2 122.24	2 737.60	279.78	2 260.00	259.80	7 659.42	52 699.01
机修车间 (生产工人)		6 274.00	4 894.03	214.00	1 776.00	0.00	34.00	13 192.03	977.50	524.00	636.60	65.96	390.00	95.62	1 712.18	12 457.35
公司行政	管理人员	23 753.00	18 528.04	764.00	5 920.00	0.00	110.00	49 075.04	3 272.50	1 938.40	2 408.00	245.38	1 750.00	543.75	6 885.53	45 462.01
	医务人员	981.00	729.11	42.00	296.00	0.00	37 016.00	2 053.61	165.00	78.92	97.20	10.27	120.00	25 051.00	315.07	1 903.54
	小计	24 734.00	19 257.15	806.00	6 216.00	0.00	115.50	51 128.65	3 437.50	2 017.32	2 505.20	255.65	1 870.00	552.43	7 200.60	47 365.55
合计		128 915.00	99 637.36	5 366.00	34 928.00	4 006.39	660.00	265 500.00	19 255.00	10 244.40	13 067.00	1 327.50	9 500.00	2 129.00	36 267.90	248 487.10

注：补贴款项19 255.00元，其中：误餐、交通补贴12 175.00元（作为"管理费用"处理）；洗理费7 080.00元（作"应付职工薪酬"处理）。

表 2 - 3 - 30　　　　　　　　　　**材料费用分配表**

材料费用分配表

2010 年 6 月 30 日　　　　　　　　　　　　　　　单位：元

费用分配／分配对象	直接耗用材料	共同耗用材料					合计
		本月投产量	单耗定额	定额耗用量	分配率	分配费用	
SM06 - 0526	12 000.00	25.00	2.00	50.00		1 800.00	13 800.00
SM06 - 0527	18 000.00	24.00	5.00	120.00		4 320.00	22 320.00
小计	30 000.00			170.00	36.00	6 120.00	36 120.00
SM06 - 0528	4 000.00	50.00					4 000.00
合计	34 000.00						40 120.00
机加工车间：							
机物料消耗	1 200.00						1 200.00
低易品摊销	800.00						800.00
小计	2 000.00						2 000.00
油漆车间：							
机物料消耗	600.00						600.00
低易品摊销	800.00						800.00
小计	1 400.00						1 400.00
包装车间：							
材料	1 600.00						1 600.00
机物料消耗	400.00						400.00
低易品摊销	800.00						800.00
小计	2 800.00						2 800.00
供电车间	2 000.00						2 000.00
热力车间	1 946.00						1 946.00
总计	44 146.00					6 120.00	50 266.00

2. 会计凭证分类表（表2-3-31）

表2-3-31　　　　　　　　　　　会计凭证分类表

分类标准		凭证名称	凭证序号
分类1	按照会计凭证的填制程序和用途		
分类2	按照会计凭证取得不同来源		
分类3	按照原始凭证的填制方法		
分类4	按照记账凭证格式		
分类5	按照记账凭证对经济业务反映的方式		

任务4　会计凭证编号

训练目的：

通过训练，掌握会计凭证序列号的基本编制方法。

训练内容：

根据不同种类的会计凭证，合理编制会计凭证的序列号。

训练要求：

1. 根据不同种类的会计凭证（表2-4-1）确定合理的序列号，填写在表2-4-2对应的专栏中。

2. 写出某月原始凭证的序列号。

3. 写出专用记账凭证的序列号。

4. 写出通用记账凭证的序列号。

训练资料：

1. 某企业某月会计凭证张数统计表（表2-4-1）

表 2 - 4 - 1   **会计凭证张数统计表**

会计凭证名称		凭证张数
原始凭证	外来原始凭证	360
	自制原始凭证	236
	小　　　计	596
记账凭证	1. 专用格式记账凭证	160
	收款凭证（其中，现收 40 张，银收 30 张）	70
	付款凭证（其中，现付 30 张，银付 20 张）	50
	转账凭证	40
	2. 通用记账凭证	160

2. 会计凭证序列号编制方法汇总表（表 2 - 4 - 2）

表 2 - 4 - 2   **会计凭证序列号编制方法汇总表**

会计凭证名称	会计凭证序列号
一、原始凭证	
二、记账凭证	
（一）专用格式记账凭证	（不需单独编序号）
1. 收款凭证	（不需单独编序号）
（1）现收 40 张	
（2）银收 30 张	
2. 付款凭证	（不需单独编序号）
（1）现付 30 张	
（2）银付 20 张	
3. 转账凭证	
（二）通用格式记账凭证	

任务 5　原始凭证的填制

训练目的：

通过训练掌握填制原始凭证的基本方法。

训练要求：

根据训练资料（表 2 - 5 - 1 至表 2 - 5 - 19）编制训练资料中的空白原始凭证。

训练资料：

（表 2-5-1 至表 2-5-19）

训练提示：

原始凭证填制要点：原始凭证的名称、凭证填制日期及编号、接受单位的名称、经济业务的基本内容、填制单位及有关人员的签章等。

1. 2010 年 5 月 6 日，兰凤电子公司采购科王红经总经理批准前往青海西宁出差推销产品，预借差旅费 5 000 元，现金付讫。请填写"借款单"和"现金支出凭条"（表 2-5-1 和表 2-5-2）（本题提示：出纳文静、财务主管李相、会计林玲、总经理王宏远）。

表 2-5-1

借 款 单

No267901

年　月　日

部门		姓名		借款用途	
借款金额	人民币（大写）			小写：	
实际报销金额		节余金额		审核意见	
		超支金额			
备注			结账日期	年　月　日	

财务主管　　　　　　　　　　出纳　　　　借款人签章

注：此表不作为记账凭证附件。

表 2-5-2

现金支出凭单

附件　　张 字第　　号	年　月　日	对方科目	
		编　号	

用　款　事　由 _____

人民币（大写）_____　　　　小写：_____

收款人：　　　　财务主管：　　　　会计：　　　　出纳：

2. 2010 年 5 月 18 日，王红出差返回公司，持有关凭证报销差旅费，余现交回。从王红交回的 26 张原始凭证可以查得，王红从成都至西宁的时间为 2010 年 6 月 7 日 10 点，西宁至成都的时间为 5 月 16 日 16 点，飞机票单边均为 1 800 元，途中补助每天 20 元，住勤补贴每天 30 元，住宿费每天 100 元。经审核，王红的机票和住宿费可全部报销，住勤补贴往返各算 1 天，住勤补贴按 10 天计算。此外，按照公司规定，此项费用需经总经理王宏远审批后方可报销。

请根据上述资料填写"差旅费报销单"（表 2 - 5 - 3）。

表 2 - 5 - 3

差旅费报销单

单位名称：　　　　　　　　填报日期：　年　月　日　　　　　　附单据：　张

姓名		出差地点		出差日期	自 年 月 日			备注
					至 年 月 日			
出差事由	到西宁推销产品							

时间			起讫地点		车船费		途中补助			住勤补贴			住宿费	经手人签章
年	月	日	起	讫	类别	金额	天数	标准	金额	天数	标准	金额		
合计														
总计金额人民币（大写）：														
已借数：			应补数：			应退回数：　元								

注：其他原始凭证（如机票和住宿费发票等）略。

3. 2010 年 5 月 20 日一车间领料员陈浩江到一号仓库领用甲材料 3 800 公斤（材料编号 H23），每公斤单价 6 元，其中：生产 A 产品领用 300 公斤，B 产品生产领用 500 公斤；同日，陈浩江到三号仓库领用乙材料 500 公斤（材料编号 Y26），每公斤单价 4 元，A 产品生产领用 150 公斤，B 产品生产领用 350 公斤。一号仓库库管员刘进，三号仓库库管员李薇。

请根据上述资料编制"领料单"（表 2 - 5 - 4 和表 2 - 5 - 5）。

表 2 – 5 – 4

领 料 单
年 月 日

领料部门   库房：

| 材料编号 | 材料名称 | 规格 | 用途 | 数量 | | 计量单位 | 单价 | 实际成本 |
				请领	实领			
合计								

主管　　　　记账　　　　　　　　　　　发料　　　　　　　　领料人

表 2 – 5 – 5

领 料 单
年 月 日

领料部门   库房：

| 材料编号 | 材料名称 | 规格 | 用途 | 数量 | | 计量单位 | 单价 | 实际成本 |
				请领	实领			
合计								

主管　　　　记账　　　　　　　　　　　发料　　　　　　　　领料人

4. 2010 年 5 月 22 日，兰风电子公司向成都佳丽公司销售 A 商品 260 件，单位生产成本 60 元/件，单位售价 100 元，增值税 17%。上月已预收该公司货款 35 000 元，商品已发出，余款已转账退还。

本题提示：

①兰风电子公司，位于成都市 H 路 8 号，电话 85556789；税务登记号 136080464643674；开户银行及账号：工行成都市友谊路分理处 55667855；公司法人：李扬波；总经理：王宏远；会计：林玲；仓库主管：马旭；库管：陈浩江；制单：张蕾。

②成都市佳丽公司，位于成都市 K 街 2 号，电话 87744322，税务登记号 467337923534309，开户银行及账号：工行红牌楼分理处 000000022134613。

请根据上述有关资料及表 5 – 6 填写"产成品出库通知单"、"增值税专用发票"、由兰风电子公司签发的向成都市佳丽公司退还余款的转账支票、银行开出进账单回单（表 2 – 5 – 7 至表 2 – 5 – 10）。

表 2 - 5 - 6

兰风电子公司
转账支票领用审批表

2010 年 5 月 22 日   附件   张

领用部门	采供部	领用人	陈为	①定额 ②限额 ③汇款√	③主管副总	刘强
预支金额	人民币 零 佰 零 拾 零 万 肆 仟 伍 佰 捌 拾 零 元 零 角 零 分					
对方单位全称	成都佳丽公司	开户行	工行红牌楼分理处	账号	00000022134613	

事由：付货款

①部门经理	向梅	②财务总监	李相	④总经理审或董事会批	同意 王宏远

会计：林玲   出纳：文静

注：此表只作为资料之用，不作为记账凭证附件。

表 2 - 5 - 7

产成品出库通知单

年   月   日

编号	名称	规格	单位	应发数量	实发数量	单位成本	实际成本								附注
							十万	千	佰	十	元	角	分		
	合计														

会计：   仓库主管：   保管：   经发：   制单：

表 2 - 5 - 8

5100014140

四川增值税专用发票

记账联

开票日期：　　年　月　日

购货单位	名　　　称：							密码区	016542 - 4 - 275〈1 + 46 * 54 * 781301 > < 8102 * 59 * 09012 〈4〈3 * 2182 - 9〉9 * - 163 * 01/4〉* 〉〉2 - 5 * 0/9/〉		
	纳税人识别号：										
	地　址、电话：										
	开户行及账号：										
货物或应税劳务名称	规格型号	单位	数量	单价		金额	税率		税额		
合计											
价税合计（大写）						（小写）					
销货单位	名　　　称：						备注				
	纳税人识别号：										
	地　址、电话：										
	开户行及账号：										

收款人：　　　　复核：　　　　开票人：　　　　销货单位：（章）

第三联：记账联　销货方记账凭证

表 2 - 5 - 9

工行银行进账单（回单）　　1

年　月　日　　　　　　　　　第　121　号

出票人	全　　称		收款人	全　　称											
	账　　号			账　　号											
	开户银行			开户银行											
人民币（大写）					千	百	十	万	千	百	十	元	角	分
票据种类		票据张数													
票据号码				2010.5.22 （收款人开户行盖章）											
备注：															

此联是出票人开户银行交给出票人的回单

表 2 - 5 - 10

| 中国工商银行转账支票存根 | 中国工商银行 转账支票(川) | | 四川 $\frac{GB}{10}$ 5312252 |

<table>
<tr><td colspan="2">

中国工商银行转账支票存根

支票号码　№5312252

科　　目

对方科目

出票日期：

收款人：

金额：

用途：

备注：

单位主管：　　会计：
</td><td colspan="3">

中国工商银行 转账支票(川)

出票日期（大写）　年 月 日　　付款行名称：

收款人：　　　　　　　　　　　出票人账号：

人民币（大写）　　　亿千百十万千百十元角分

用途＿＿＿＿＿　　　　　科目(借)＿＿＿＿＿

上列款项请从　　　　　　对方科目(贷)＿＿＿＿

我账户内支付　　　　　　转账日期　　年 月 日

出票人签章　李扬波印　　复核　　　　　记账

财务专用章
</td></tr>
</table>

5. 2010 年 5 月 24 日，兰风电子公司从四川中铁物流有限公司购入甲材料 500 公斤，单价 180 元，增值税率 17%，开出转账支票支付，材料已如数验收入库。

本题提示：

①兰风电子公司，位于成都市 H 路 8 号，电话 85556789；税务登记号 136080464643674；开户银行及账号：工行成都市友谊路分理处 55667855；公司法人：李扬波；会计：林玲；仓库主管：马旭；库管：陈浩江；制单：张蔷。

②四川中铁物流有限公司：位于成都市长江大道 26 号，电话:；2301377；税务登记号 510602833688767；开户行及账号：市商业银行八宝支行 07020014020059。

请根据上述资料和表 2 - 5 - 11，填写"增值税专用发票"、由兰风电子公司签发的支付货款的转账支票、工行银行进账单、收料单（表 2 - 5 - 12 至表 2 - 5 - 15）。

表 2 - 5 - 11　　　　　　**兰风电子公司**
转账支票领用审批表
2010 年 5 月 24 日　　　　　　　　　　附件　　张

领用部门	采供部	领用人	陈为	①定额　②限额　③汇款√	③主管副总	刘强
预支金额	人民币 零佰壹拾零万伍仟叁佰零拾零元零角零分					
对方单位全称	四川中铁物流有限公司	开户行	市商业银行八宝支行	账号　007020014020059		
事由：付货款				④		
①部门经理	向梅	②财务总监	李相	总经理或董事会审批	总经理：同意　王宏远	

会计：林玲　　　　　　　　　　　　　　　　　出纳：文静

表 2 - 5 - 12

5100014140

四川增值税专用发票

No 20208120

开票日期：　年　月　日

购货单位	名　　　　称：					密码区	016542 - 4 - 275〈1 + 46 * 54 * 781301 > < 8102 * 59 * 09012 〈4〈3 * 2182 - 9〉9 * - 163 * 01/4〉* 〉〉2 - 5 * 0/9/〉		加密版本：01 5100041140 10203190
	纳税人识别号：								
	地 址 、电 话：								
	开户行及账号：								

货物或应税劳务名称	规格型号	单位	数量	单价	金额	税率	税额
合计							
价税合计（大写）					（小写）		

销货单位	名　　　　称：		备注
	纳税人识别号：		
	地 址 、电 话：		
	开户行及账号：		

收款人：　　　　复核：　　　　开票人：　　　　销货单位（章）

94

第二联：抵扣联　购货方扣税凭证

表 2 - 5 - 13

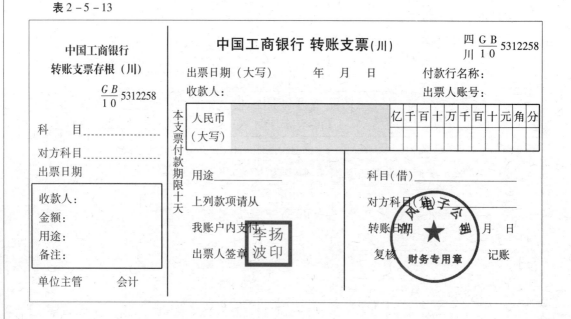

会计学基础实训与指导

表 2 - 5 - 14

工行银行进账单（回单）　1

年　月　日　　　　　　　第　121　号

出票人	全　　称		收款人	全　　称												此联是出票人开户银行交给出票人的回单
	账　　号			账　　号												
	开户银行			开户银行												
人民币 （大写）					千	百	十	万	千	百	十	元	角	分		
票据种类		票据张数														
票据号码																
备注：																

中国工商银行友谊路
分理处
2010.5.24
办讫章

（收款人开户行盖章）

表 2 - 5 - 15

兰风电子公司
收　料　单

5812017

材料科目：
材料类别：
供应单位：
发票号码：　　　　　　　　　　年　月　日　　　　　　收料仓库：

材料名称	规格	计量单位	数量		实　际　成　本						第三联　记账联
			应收	实收	买价		运杂费	其他	合计	单位成本	
					单价	金额					
合　计											

记账：　　　　　　　　收料：　　　　　　　　制单：

6. 2010 年 5 月 26 日，兰风电子公司从成都市百货商场（集团）股份有限公司购入打印纸 20 箱，单价 100 元，墨盒 10 个，每个 500 元，文件夹 100 个，每个 6 元，开出转账支票支付，办公用品已交付办公室。

本题提示：

①兰风电子公司，位于成都市 H 路 8 号，电话 85556789；税务登记号 136080464643674；开户银行及账号：工行成都市友谊路分理处 55667855；公司法人：李扬波；会计：林玲；仓库主管：马旭；库管：陈浩江；制单：张蔷。

②成都市百货商场（集团）股份有限公司：位于成都市东玉大街；电话：5462100；税务登记号 510619433644321；开户行及账号：市建设银行高新支行 001223445667889。

请根据上述资料和表 5-16，填写由成都市百货商场（集团）股份有限公司"普通销售发票"、由兰风电子公司签发的付款转账支票、工行进账回单（表 2-5-17 至表 2-5-19）。

表 2-5-16

兰风电子公司
转账支票领用审批表

2010 年 5 月 26 日　　　　　　　　　　　　　　　　　附件　张

领用部门	采供部	领用人	陈为	①定额　②限额　③汇款√	③主管副总	刘强
预支金额	人民币 零佰零拾零万柒仟陆佰零拾零元零角零分					
对方单位全称	成都市百货商场(集团)股份有限公司	开户行	成都市建设银行高新支行	账号	001223445667889	
事由：付货款				④		
①部门经理	向梅	②财务总监	李相	总经理或董事会审批	总经理：同意　王宏远	

会计：林玲　　　　　　　　　　　　　　　　　　出纳：文静

注：此表只作为资料之用，不作为记账凭证附件。

表 2-5-17

成都百货商场（集团）股份有限公司销售发票

NO：0108603

发票联　　　　川国税蓉字（09）

购货单位：　　　　　　　　　　　　　　　　　年　月　日　填制

品名及规格	单位	数量	单价	金额						
				万	仟	佰	十	元	角	分
金额合计（大写）：										

单位（盖章有效）　　　　　　制票　　　　　　收款

表 2-5-18

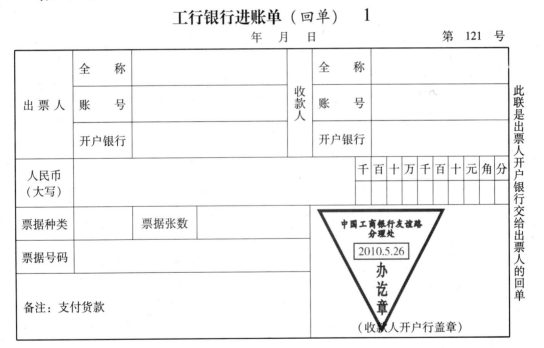

表 2-5-19

任务6　原始凭证的审核

训练目的：

通过训练掌握审核原始凭证的基本方法。

训练内容：

根据训练资料中的原始凭证进行审核，并将审核结果写在"原始凭证审核表"中（表2-6-9至表2-6-13）。

训练要求：

1. 根据训练资料（表2-6-1至表2-6-8）审核原始凭证。原始凭证的审核应当包括两个方面：一是外表形式上的审核，主要包括原始凭证的基本内容是否齐全（如名称、日期和编号），外来凭证填制的接受单位是否为本单位，数字计算是否正确，大、小写金额是否相符等；二是根据原始凭证的内容进行实质性审核，主要包括凭证记载的经济业务是否符合实际情况，费用开支是否符合有关制度规定等。鉴于训练资料的局限，本任务只进行上述原始凭证外表形式上的审核。

2. 编制原始凭证审核情况汇总表（表2-6-1至表2-6-8）。

①表中的"填制要点"应按照原始凭证的内容全部填写，如业务1中的"凭证名称"应写为"收料单"，业务2写"中国工商银行现金支票存根"，"审核结果"则可只写"是"或"否"；②表中"填制和审核项目"中的"凭证编号"是指原始凭证上的编号。如业务1应写为"091565702"。

训练资料（表2-6-1至表2-6-8）：

业务1. 2010年5月23日，收到兰风电子公司林玲报销"新会计制度"培训费800元，现金付讫。未记账（表2-6-1）。

表2-6-1

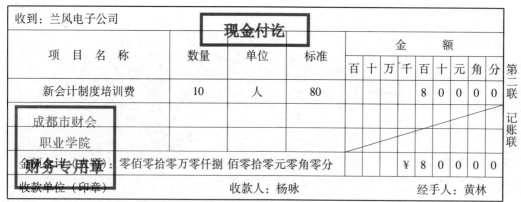

业务2. 2010年5月28日，收到银行委托收款通知，支付上月水费8 000元，增值税1 040元。未记账（表2-6-2）。

表2-6-2

委托收款凭证（付款通知）

委托日期　2010 年 5 月 28 日

付款人	全称	兰风电子公司	收款人	全称	市自来水公司		
	账号或地址	55667855		账号	732859		
	开户银行	工行友谊路分理处		开户银行	工行万胜支行	行号	438

四川省电视台
财务专用章

		百	十	万	千	百	十	元	角	分
托收金额	人民币（大写）：玖仟零肆拾圆整			¥	9	0	4	0	0	0

款项内容	水费及增值税	委托收款凭据名称	发票	附寄单证张数	
备注：			付款人注意：（略）	中国工商银行 成都市友谊路分里处 2010年5月28日 **转讫**	

单位主管　　会计　　复核　　记账　　付款人开户银行盖章　　2010 年 5 月 28 日

此联是付款人开户银行给付款人的付款通知

业务3. 2010 年 5 月 26 日，兰风电子公司开出转账支票 15 000 元，用以支付四川电视台 B 产品广告费（表 2-6-3 和表 2-6-4）。

表2-6-3

四川电视台收款收据

2010 年 5 月 26 日　　　　　　　　No0056389

交款人	兰风电子公司	交款方式	支　票						
栏　　目	广告天地	内容	B 产品广告费						
时间要求	2010 年三季度，每晚两次		金　额						
			十	万	千	百	十	元	角	分
金额（大写）　　人民币：壹万伍仟圆整			¥	1	5	0	0	0	0	0

收款单位（财务公章）　　　　　会计：熊亮　　　　　收款人：卢云

表 2 - 6 - 4

中国工商银行转账支票存根

支票号码　　No 5312255

科　　目 _____

对方科目 _____

签发日期　2010 年 5 月 26 日

| 收款人：四川电视台 |
| 金额：¥15 000.00 元 |
| 用途：A 产品广告费 |
| 备注： |

单位主管：李相　　　　会计：林玲

业务 4. 2010 年 5 月 10 日，兰风电子公司发出甲料 100 公斤，实际成本 3 300 元，委托金泽公司将甲料加工成丙料，用现金支付运费 200 元（表 2 - 6 - 5 和表 2 - 6 - 6）。

表 2 - 6 - 5

委托加工材料发料单　　　　No 3200145

2010 年 5 月 10 日

加工单位：金泽公司

加工合同：528　　　　　　　　　　　　　　　　　发料仓库：一库

材料编号	材料名称	规格	计量单位	数量	材料成本	
					单价	金额
1	甲材料		千克	100	33.00	33 000.00

备注：加工为丙材料

仓库保管员：王兰　　　　　　发料人：金山　　　　　　经办人：

表 2 - 6 - 6

成都市公路货运收费发票

开户银行　工行龙华支行　　　　　　　发 票 联　　　　　　　　　2560622

账　　号　658977723　　　　　　　2010 年 5 月 10 日

托运单位	兰风电子公司	受理单位				受理编号	110									
装货地点	兰风电子公司	承运单位		成都货运公司		运输公司										
卸货地点	金泽公司					计费里程：50 公里										

货物名称	件数	包装	规格	托运重量	货物等级	计费运输量		费率			金额							
						运量	周转量	空驶运率	运价率	比价率	万	千	百	十	元	角	分
丙材料				100 公斤								2	0	0	0	0
包车原因					包车费率												
加减成条件					加减成　　　%												
合计金额（大写）	人民币贰佰圆整				合计			￥ 2	0	0	0	0					

制票单位　发票专用章　　　制票人：李苏　　　　复核：　　　　　　收费章

业务 5. 2010 年 5 月 22 日，以银行存款支付下年度的汽车保险费 6 000 元（表 2 - 6 - 7 和表 2 - 6 - 8）。

表 2 - 6 - 7

中国人民保险公司保险费收据

2010 年 5 月 22 日

交款人	兰风电子公司	付款方式	支票
交款事由	2010 年 3 ~ 4 季度汽车保险费	保险单号	76425
金额（大写）人民币陆仟圆整		中国人民保险公司四川省分公司　财务专用章	
盖章：			

会计主管：吴凯　　　记账：　　　　审核：　　　　出纳：黄达　　　经办：王刚

第二联　发票

表 2-6-8

中国工商银行转账支票存根

支票号码　　№　5312254

科　　目 _____

对方科目 _____

签发日期　2010 年 5 月 22 日

| 收款人：中国人民保险公司 |
| 金额：600.00 元 |
| 用途：支付汽车保险费 |
| 备注： |

单位主管：李相　　　会计：林玲

表 2-6-9 **原始凭证审核表** （业务 1）

审核内容	凭证编号	审核结果
凭证名称		
填制日期		
凭证编号		
接受单位的名称		
经济业务的基本内容		
数量、金额及大、小写		
填制单位		
有关人员的签章		

表 2-6-10 **原始凭证审核表** （业务 2）

审核内容	凭证编号	审核结果
凭证名称		
填制日期		
凭证编号		
接受单位的名称		
经济业务的基本内容		
填制单位		
有关人员的签章		

表 2-6-11

原始凭证审核表

(业务 3)

审核内容	凭证编号	审核结果
凭证名称		
填制日期		
凭证编号		
接受单位的名称		
经济业务的基本内容		
填制单位		
有关人员的签章		

表 2-6-12

原始凭证审核表

(业务 4)

审核内容	凭证编号	审核结果
凭证名称		
填制日期		
凭证编号		
接受单位的名称		
经济业务的基本内容		
填制单位		
有关人员的签章		

表 2-6-13

原始凭证审核表

(业务 5)

审核内容	凭证编号	审核结果
凭证名称		
填制日期		
凭证编号		
接受单位的名称		
经济业务的基本内容		
填制单位		
有关人员的签章		

任务7　通用记账凭证的填制

训练目的：

通过训练掌握通用格式记账凭证的填制方法。

训练要求：

根据本实训任务5中的6笔经济业务编制通用格式的记账凭证。

训练提示：

通用记账凭证填制要点包括填制日期和编号，经济业务的内容摘要，应借应贷会计科目名称，应借应贷金额，所附原始凭证张数，过账标记，会计主管人员、审核人员、记账和凭证填制人员的签名或盖章。

1. 请根据任务5中的表2-5-2编制王红预借差旅费的记账凭证（表2-7-1）。

表2-7-1

记 账 凭 证

年　　月　　日　　　　　　　　顺序号第　　号

摘　　要	总账科目	明细科目	借　方										贷　方										
			千	百	十	万	千	百	十	元	角	分	千	百	十	万	千	百	十	元	角	分
合　　　　计																						

附件　　　　　　　张

会计主管　　　　　　记账　　　　　　稽核　　　　　　填制

2. 请根据任务5中的表2-5-3编制王红报销差旅费的记账凭证（表2-7-2）。

表 2 - 7 - 2

记 账 凭 证

年　月　日　　　　　　　　顺序号第　　号

摘　　要	总账科目	明细科目	借　　方										贷　　方										
			千	百	十	万	千	百	十	元	角	分	千	百	十	万	千	百	十	元	角	分
合　　计																						

会计主管　　　　　记账　　　　　　稽核　　　　　　填制

3. 请根据任务 5 中的表 2 - 5 - 4 和表 2 - 5 - 5 编制陈浩江领用材料的记账凭证（表 2 - 7 - 3）。

表 2 - 7 - 3

记 账 凭 证

年　月　日　　　　　　　　顺序号第　　号

摘　　要	总账科目	明细科目	借　　方										贷　　方										
			千	百	十	万	千	百	十	元	角	分	千	百	十	万	千	百	十	元	角	分
合　　计																						

会计主管　　　　　记账　　　　　　稽核　　　　　　填制

4. 请根据练习一中的表 2 - 5 - 7 至表 2 - 5 - 10 编制兰风电子公司向成都佳丽公司销售 A 商品、退还余款和结转已售商品生产成本的记账凭证（表 2 - 7 - 4 至表 2 - 7 - 6）。

表 2 - 7 - 4

记 账 凭 证

年　月　日　　　　　　　顺序号第　号

摘　要	总账科目	明细科目		借　方									贷　方									附件
				千	百	十	万	千	百	十	元	角	分	千	百	十	万	千	百	十	元	角	分	
合　计																								张

会计主管　　　　　记账　　　　　稽核　　　　　填制

表 2 - 7 - 5

记 账 凭 证

年　月　日　　　　　　　顺序号第　号

摘　要	总账科目	明细科目		借　方									贷　方									附件
				千	百	十	万	千	百	十	元	角	分	千	百	十	万	千	百	十	元	角	分	
																								张
合　计																								

会计主管　　　　　记账　　　　　稽核　　　　　填制

表 2 – 7 – 6

记 账 凭 证

年　　月　　日　　　　　　　　　　顺序号第　　号

摘　　要	总账科目	明细科目		借　方										贷　方									
				千	百	十	万	千	百	十	元	角	分	千	百	十	万	千	百	十	元	角	分
合　　计																							

附件

张

会计主管　　　　　　记账　　　　　　　稽核　　　　　　　填制

5. 请根据练习一中的表 2 – 5 – 12 至表 2 – 5 – 15 编制兰风电子公司从四川中铁物流有限公司购入甲材料支付货款和材料入库的记账凭证（表 2 – 7 – 7 和表 2 – 7 – 8）。

表 2 – 7 – 7

记 账 凭 证

年　　月　　日　　　　　　　　　　顺序号第　　号

摘　　要	总账科目	明细科目		借　方										贷，方									
				千	百	十	万	千	百	十	元	角	分	千	百	十	万	千	百	十	元	角	分
合　　计																							

附件

张

会计主管　　　　　　记账　　　　　　　稽核　　　　　　　填制

表 2 - 7 - 8

记 账 凭 证

年　　月　　日　　　　　　　　　顺序号第　　号

摘　　要	总账科目	明细科目		借 方		贷 方	
				千 百 十 万 千 百 十 元 角 分		千 百 十 万 千 百 十 元 角 分	
合　　计							

附件

张

会计主管　　　　　记账　　　　　稽核　　　　　填制

6. 请根据练习一中的表 2 - 5 - 17 至表 2 - 5 - 19 编制兰风电子公司从成都市百货商场（集团）股份有限公司购入打印纸等办公用品的记账凭证（表 2 - 7 - 9）。

表 2 - 7 - 9

记 账 凭 证

年　　月　　日　　　　　　　　　顺序号第　　号

摘　　要	总账科目	明细科目		借 方		贷 方	
				千 百 十 万 千 百 十 元 角 分		千 百 十 万 千 百 十 元 角 分	
合　　计							

附件

张

会计主管　　　　　记账　　　　　稽核　　　　　填制

任务8　专用记账凭证的填制

训练目的：

通过练习掌握专用记账凭证填制的基本方法。

训练要求：

根据资料填写训练资料中的空白记账凭证。

训练提示：

专用记账凭证填制要点：填制日期和编号，经济业务的内容摘要，应借应贷会计科目位置和名称，应借应贷金额，所附原始凭证张数，过账标记，会计主管、记账、稽核、凭证填制人员的签名或盖章。

1. 请根据任务5中的表2－5－1和表2－5－2编制王红预借差旅费的记账凭证（表2－8－1）。

表2－8－1

付 款 凭 证

贷方科目：　　　年　月　日　　　　　　　　　　　付字第　　号

摘　　要	借方科目		借方金额									
	一级科目	明细科目	千	百	十	万	千	百	十	元	角	分
合　　计												

附件　　　　张

会计主管　　　　　记账　　　　　稽核　　　　　填制

2. 请根据任务5中的表2－5－3编制王红报销差旅费的记账凭证（表2－8－2和表2－8－3）。

表 2-8-2

收 款 凭 证

借方科目：　　　　年　月　日　　　　　　　　　　　　　　收字第　　号

摘　　要	贷方科目		贷方金额									
	一级科目	明细科目	千	百	十	万	千	百	十	元	角	分
合　　　计												

附件

张

会计主管　　　　　记账　　　　　　稽核　　　　　　填制

表 2-8-3

转 账 凭 证

年　月　日　　　　　　　顺序号第　　号

摘　　要	总账科目	明细科目	借　方										贷　方									
			千	百	十	万	千	百	十	元	角	分	千	百	十	万	千	百	十	元	角	分
合　　　计																						

附件

张

会计主管　　　　　记账　　　　　　稽核　　　　　　填制

3. 请根据任务 5 中的表 2-5-4 和表 2-5-5 编制陈浩江到仓库领用材料的记账凭证（表 2-8-4）。

表2-8-4

转 账 凭 证

年　　月　　日　　　　　　　　顺序号第　　号

摘　要	总账科目	明细科目		借　方										贷　方									
				千	百	十	万	千	百	十	元	角	分	千	百	十	万	千	百	十	元	角	分
合　　计																							

会计主管　　　　　记账　　　　　　稽核　　　　　　填制

4. 请根据任务5中的表2-5-7至表2-5-10编制兰风电子公司向成都佳丽公司销售商品的记账凭证（表2-8-5至表2-8-7）。

表2-8-5

转 账 凭 证

年　　月　　日　　　　　　　　顺序号第　　号

摘　要	总账科目	明细科目		借　方										贷　方									
				千	百	十	万	千	百	十	元	角	分	千	百	十	万	千	百	十	元	角	分
合　　计																							

会计主管　　　　　记账　　　　　　稽核　　　　　　填制

表2-8-6

付 款 凭 证

贷方科目： 年 月 日 付字第 号

摘　　　要	借方科目		借方金额	附件
	一级科目	明细科目	千百十万千百十元角分	
				附件
				张
合　　　计				

会计主管　　　　记账　　　　　稽核　　　　　填制

表2-8-7

转 账 凭 证

年 月 日 顺序号第 号

摘　　　要	总账科目	明细科目		借　　方	贷　　方	附件
				千百十万千百十元角分	千百十万千百十元角分	
						附件
						张
合　　　计						

会计主管　　　　记账　　　　　稽核　　　　　填制

5. 请根据任务5中的表2-5-12至表2-5-15编制兰风电子公司从四川中铁物流有限公司购入材料的记账凭证（表2-8-8至表2-8-9）。

表 2 - 8 - 8

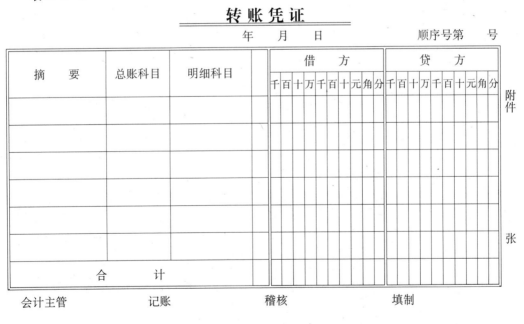

付 款 凭 证

贷方科目：　　　年　月　日　　　　　　　　　　　　付字第　　号

摘　　要	借方科目		借方金额	附件
	一级科目	明细科目	千 百 十 万 千 百 十 元 角 分	
				张
合　　计				

会计主管　　　　　记账　　　　　稽核　　　　　填制

表 2 - 8 - 9

转 账 凭 证

　　　　　年　月　日　　　　　　　　　顺序号第　　号

摘　　要	总账科目	明细科目	借　方	贷　方	附件
			千 百 十 万 千 百 十 元 角 分	千 百 十 万 千 百 十 元 角 分	
					张
合　　计					

会计主管　　　　　记账　　　　　稽核　　　　　填制

　　6. 请根据任务 5 中的表 2 - 5 - 17 至表 2 - 5 - 19 编制兰风电子公司从成都市百货商场（集团）股份有限公司购买办公用品的记账凭证（表 2 - 8 - 10）。

表 2 − 8 − 10

付 款 凭 证

贷方科目：　　　年　月　日　　　　　　　　　　　　　　　　付字第　　号

摘　　要	借方科目			借方金额										
	一级科目	明细科目		千	百	十	万	千	百	十	元	角	分	
														附件
														张
合　　计														

会计主管　　　　　记账　　　　　稽核　　　　　填制

任务 9　记账凭证的审核

训练目的：

通过训练掌握记账凭证审核的基本方法。

训练要求：

1. 记账凭证的审核要点主要包括：记账凭证是否附有原始凭证，所附原始凭证是否完整无误，是否与所附原始凭证相符；会计分录是否正确；所记内容是否完整，有关人员签章是否齐全。

2. 记账凭证审核表（表 2 − 9 − 13 至表 2 − 9 − 17）中的"审核项目"中的"凭证编号"是指记账凭证上的编号。如业务 1 应写为"顺序号第 1 号"。

3. 相关资料：会计主管：李相；会计：林玲；出纳：文静；仓库负责人：杨建明；保管：金山、马婷。

特别提示：

本项任务的训练目的是为帮助学习者掌握会计凭证审核的基本方法，鉴于训练资料提供方式的限制，与实际工作中所使用的方法有一定区别。

训练资料：

1. 经济业务（表2-9-1至表2-9-12）

业务1. 2010年6月4日，开出现金支票提现8 000元备用（过账后结账前）。

表2-9-1

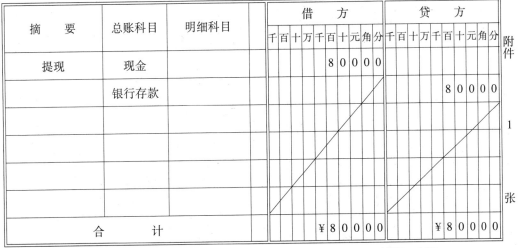

记 账 凭 证

2010年6月4日　　　　　　　　顺序号第　1　号

摘　　要	总账科目	明细科目	借　方										贷　方									
			千	百	十	万	千	百	十	元	角	分	千	百	十	万	千	百	十	元	角	分
提现	现金						8	0	0	0	0											
	银行存款																	8	0	0	0	0	
合　　　计							¥	8	0	0	0	0						¥	8	0	0	0	0

会计主管：李相　　　　记账：林玲　　稽核　　　　　　　填制：文静

表2-9-2

中国工商银行转账支票存根

支票号码　　No：3728091

科　　目

对方科目

签发日期　2010年6月22日

收款人：兰凤电子公司
金额：8 000.00元
用途：备用
备注：

单位主管：李相　　　会计：林玲

业务 2. 2010 年 6 月 6 日，收到前已付款的甲材料，验收入库（过账后结账前）。

表 2 – 9 – 3

记 账 凭 证

2010 年 6 月 6 日　　　　　　　　　顺序号第　2　号

摘　要	总账科目	明细科目	借　方 千 百 十 万 千 百 十 元 角 分	贷　方 千 百 十 万 千 百 十 元 角 分	
外购材料入库	原材料	甲材料	2 0 4 6 5 0 0 0		附件
	材料采购	甲材料		2 0 4 6 5 0 0 0	
					1
					张
合　　　计			¥ 2 0 4 6 5 0 0 0	¥ 2 0 4 6 5 0 0 0	

会计主管：李相　　　　记账：林玲　　稽核　　　　　填制：文静

116

表 2 – 9 – 4

收 料 单

2010 年 6 月 6 日　　　　　　　　　收料仓库：一库

材料 名称	规格	计量 单位	数量		实 际 成 本					
			应收	实收	买价		运杂费	其他	合计	单位 成本
					单价	金额				
甲材料		千克	800	800	25.00	20 000.00	465.00		20 465.00	25.58
合计			800	800		20 000.00	465.00		¥20 465.00	25.58

记账：　　　　　　　　收料：　　　　　　　　　制单：

业务 3. 2010 年 6 月 11 日，支付原欠长江公司货款 20 000 元（已过账）。

表 2 - 9 - 5

记 账 凭 证

2010 年 6 月 11 日　　　　　　　　　　顺序号第 3 号

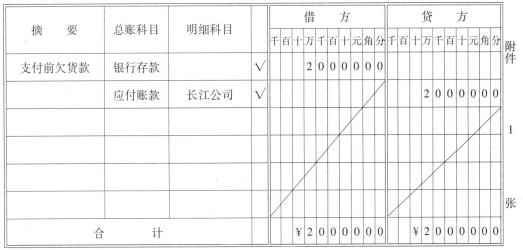

摘　　要	总账科目	明细科目		借　方 千百十万千百十元角分	贷　方 千百十万千百十元角分
支付前欠货款	银行存款		√	2 0 0 0 0 0 0	
	应付账款	长江公司	√		2 0 0 0 0 0 0
合　　　计				￥2 0 0 0 0 0 0	￥2 0 0 0 0 0 0

附件 1 张

会计主管：李相　　　　记账：林玲　　稽核　　　　　　　　填制：文静

表 2 - 9 - 6

委托收款凭证（付款通知）　5

托收号码：04

委托日期 2010 年 6 月 11 日

付款人	全　　称	兰风电子公司	收款人	全　　称	长江公司		
	账号或地址	55667855		账　　号	1360732859		
	开户银行	工行友谊路分理处		开户银行	工行云霞支行	行号	408
托收金额	人民币（大写）：贰万圆整				千百十万千百十元角分 2 0 0 0 0 0 0		
款项内容	支付货款	委托收款 凭据名称	发票	附寄单证 张数			
备注	合同规定无付款期			付款人注意：			

中国工商银行成都市
友谊路分理处
2010.6.11
转讫

单位主管：李辉　　会计：刘芳　　复核：杨静　　记账：刘芳　　　　付款人开户银行盖章

业务 4. 2010 年 6 月 18 日，向广福公司销售设备 10 台，每台成本 4 500 元，售价 6 000 元，货已发，款未收，已办妥委托收款手续（已过账）。

表 2-9-7

记账凭证

2010 年 6 月 18 日　　　　　　　　　　顺序号第　14　号

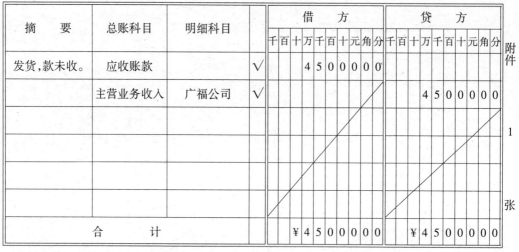

摘　要	总账科目	明细科目		借　方										贷　方									
				千	百	十	万	千	百	十	元	角	分	千	百	十	万	千	百	十	元	角	分
发货, 款未收。	应收账款		√			4	5	0	0	0	0	0											
	主营业务收入	广福公司	√														4	5	0	0	0	0	0
合　　　计					¥	4	5	0	0	0	0	0			¥	4	5	0	0	0	0	0	

附件　1　张

会计主管：李相　　　　　记账：林玲　稽核　　　　　　　填制：文静

118

表 2-9-8

产成品出库通知单

2010 年 6 月 18 日

编号	名称	规格	单位	应发数量	实发数量	单位成本	实际成本							附注
							十万	千	佰	十	元	角	分	
2034	SB		台	10	10	4 500.00	4	5	0	0	0	0	0	
合计				10	10		4	5	0	0	0	0	0	

会计：　　　仓库主管：马旭　　　保管：陈江　　　经发：陈江　　　制单：王惠

表 2-9-9

委托收款凭证（回单） 1

托收号码：04

委托日期 2010 年 6 月 18 日

付款人	全　称	广福公司	收款人	全　称	兰风电子公司		
	账号或地址	2460732859		账　号	55667855		
	开户银行	工行云霞支行		开户银行	工行友谊路分理处	行号	408

托收金额	人民币（大写）：陆万圆整		千 百 十 万 千 百 十 元 角 分
			6 0 0 0 0 0

款项内容	货款	委托收款凭据名称	发票	附寄单证张数

中国工商银行成都市友谊路分理处 2010.6.18 转讫

备注：	合同规定无付款期	付款人注意：

单位主管：李辉　　会计：刘芳　　复核：杨静　　记账：刘芳　　　　付款人开户银行盖章

业务 5. 2010 年 6 月 26 日，公司行管部报销购买办公用品款 660 元，用现金补足其定额（已过账）。

119

表 2-9-10

记 账 凭 证

2010 年 6 月 26 日　　　　　　　　　顺序号第 25 号

摘　要	总账科目	明细科目		借　方 千百十万千百十元角分	贷　方 千百十万千百十元角分	附件
购买办公用品	管理费用	办公费	√	6 0 0 0 0		
		库存现金	√		6 0 0 0 0	2
						张
合　　计				￥6 0 0 0 0	￥6 0 0 0 0	

会计主管：李相　　　　记账：林玲　　稽核　　　　　　　填制：文静

表 2 – 9 – 11

成都百货商场（集团）股份有限公司销售发票

NO：0108603

发票联　　　　　　川国税蓉字（09）

购货单位：兰风电子公司　　　　　　　　　　　　2010 年 6 月 26 日　填制

品名及规格	单位	数量	单价	金额						
				万	仟	佰	十	元	角	分
打印纸		100				1	0	0	0	0
墨盒		300				3	6	0	0	0
文件夹		200	4			2	0	0	0	0
金额合计（大写）：陆佰陆拾圆整				¥		6	6	0	0	0

单位（盖章有效）　　　　　制票　　　　　收款　刘劲

表 2 – 9 – 12

费 用 报 销 单

报销日期：2010 年 6 月 26 日　　　　　　　　　附件　1　张

费用项目	类别	金额	负责人（签章）	王路
打印纸		100.00		
墨盒		360.00	审查意见	同意
文件夹		200.00		
			报销人	古童
报销金额合计		¥660.00	现金付讫	
核实金额（大写）：人民币陆佰陆拾圆整				
借款数	应退数		应补金额	

审核　马明　　　　　　　　　　　　　出纳　王峻

2. 记账凭证审核表（见表 2 – 9 – 13 至表 2 – 9 – 17）

表 2 – 9 – 13　　　　　　　　记账凭证的填制和审核表　　　　　　　（业务 1）

审核项目	填写内容	审核结果
填制日期	2010 年 6 月 4 日	正确
凭证编号	顺序号第 1 号	正确
经济业务的内容摘要	提现	正确
应借应贷会计科目名称	现金、银行存款	正确
应借应贷金额	800 元	应为 8 000 元
所附原始凭证张数	1	正确
过账标记	无	正确
有关人员的签章	缺"稽核"	正确

表 2-9-14   **记账凭证的填制和审核表**   （业务 2）

审核项目	填写内容	审核结果
填制日期		
凭证编号		
经济业务的内容摘要		
应借应贷会计科目名称		
应借应贷金额		
所附原始凭证张数		
过账标记		
有关人员的签章		

表 2-9-15   **记账凭证审核表**   （业务 3）

审核项目	填写内容	审核结果
填制日期		
凭证编号		
经济业务的内容摘要		
应借应贷会计科目名称		
应借应贷金额		
所附原始凭证张数		
过账标记		
有关人员的签章		

表 2-9-16   **记账凭证审核表**   （业务 4）

审核项目	填写内容	审核结果
填制日期		
凭证编号		
经济业务的内容摘要		
应借应贷会计科目名称		
应借应贷金额		
所附原始凭证张数		
过账标记		
有关人员的签章		

表 2 – 9 – 17　　　　　　　　　　**记账凭证审核表**　　　　　　　　　（业务 5）

审核项目	填写内容	审核结果
填制日期		
凭证编号		
经济业务的内容摘要		
应借应贷会计科目名称		
应借应贷金额		
所附原始凭证张数		
过账标记		
有关人员的签章		

实训三 会计账簿

任务 10　账簿的分类

训练目的：

通过训练掌握会计账簿的分类。

训练内容：

通过对各种会计账簿的认识，写出各类会计账簿的名称。

训练要求：

根据训练资料提供的账页格式，完成以下任务：

1. 按照会计账簿的用途可以将其分为哪几种会计账簿？请分别将它们的具体名称及其各自的用途写在表 3 – 10 – 15 中。

2. 按照会计账簿的外表形式可以将其分为哪几种会计账簿？请分别将它们的具体名称及其各的应用范围写在表 3 – 10 – 15 中。

3. 请按会计账簿的不同格式，写出不同格式的会计账簿名称和用途，并填写在表 3 – 10 – 15 中。

训练资料：

1. 会计账簿格式（表 3 – 10 – 1 至表 3 – 10 – 14）

表 3 - 10 - 1 　　　　　　会计账簿格式 1（分类账——总账、三栏式）

总账

＿＿＿＿＿年度

会计科目编号	
会计科目名称	

年		凭证		摘　要	借　方									√	贷　方									√	借或贷	余　额									核对
月	日	种类	号数		千	百	十	万	千	百	十	元	角	分		千	百	十	万	千	百	十	元	角	分			千	百	十	万	千	百	十	元	角	分	

表 3 - 10 - 2 　　　　　会计账簿格式 2（分类账——数量金额式—存货）

明细账

第＿＿＿页

最高储备量＿＿＿＿＿　类　别＿＿＿＿＿　储备定额＿＿＿＿＿　编　号＿＿＿＿＿　规　格＿＿＿＿＿

最低储备量＿＿＿＿＿　存放地点＿＿＿＿＿　计划单价＿＿＿＿＿　计量单位＿＿＿＿＿　名　称＿＿＿＿＿

年		凭证		摘　要	收　入											发　出											结　余											核对
月	日	类	数		数量	单价	金　额									数量	单价	金　额									数量	单价	金　额									
							千	百	十	万	千	百	十	元	角	分			千	百	十	万	千	百	十	元	角	分			千	百	十	万	千	百	十	元	角	分	
12	31			月初余额																																		

表 3 - 10 - 3　　　　　**会计账簿格式 3（分类账——专栏式—材料采购）**

材料采购明细账

明细科目 ＿＿＿＿＿＿＿＿＿＿＿　　　　　　　　　　　　　　　　　　　　　　年　月

年		记账凭证号数	发票账单号数	供应单位名称	摘要	借方（实际成本）				记账凭证号数	发票账单号数	摘要	贷方				核对
月	日					买价	采购费用	其他	合计				计划成本	成本差异	其他	合计	
12	31				月初余额												

表 3 - 10 - 4　　　　**会计账簿格式 4（分类账——专栏式—固定资产）**

固定资产明细账

分第＿＿＿页总第＿＿＿页

使用年限＿＿＿＿＿＿＿＿＿＿　　　　估计殖值＿＿＿＿＿＿＿＿＿＿　　　　名　称＿＿＿＿＿＿＿＿＿＿

折旧或摊销率＿＿＿＿＿＿＿＿　　　　折旧费＿＿＿＿＿＿＿＿　　　　财产编号＿＿＿＿＿＿＿＿＿＿

年		凭证		摘要	单价	购进或拨入		折旧或转出		余　额		核对
月	日	种类	号数			数量	金　额 百 十 万 千 百 十 元 角 分	数量	金　额 百 十 万 千 百 十 元 角 分	数量	金　额 百 十 万 千 百 十 元 角 分	

表 3 – 10 – 5　　　　会计账簿格式 5（分类账——专栏式—低值易耗品）

在用低值易耗品明细账

分第＿＿页总第＿＿页

名称：　　　　编号：

类别：　　　　单位：　　　　规格：　　　　摊销年限：

年		凭证		摘 要	领用		使用部门（地点）		摊销		报废		结存	
月	日	种类	号数		数量	金额			数量	金额	数量	金额	数量	金额
12	31			月初余额										

表 3 – 10 – 6　　　　会计账簿格式 6（分类账——专栏式—生产成本）

＿＿＿＿＿车间
＿＿＿＿＿产品

生 产 成 本 明 细 账

年		凭证		摘要	直接材料								直接人工								制造费用								其 他								合 计								核对
月	日	种类	号数		百	十	万	千	百	十	元	角	分	百	十	万	千	百	十	元	角	分	百	十	万	千	百	十	元	角	分	百	十	万	千	百	十	元	角	分	百	十	万	千	百	十	元	角	分	

表 3 – 10 – 7　　　　会计账簿格式 7（分类账——专栏式—应交税费）

应交税费（增值税）明细账

年		凭证		摘要	借　方			借　方				借或贷	余额	核对
月	日	种类	号数		合计	进项税额	已交税金	合计	销项税额	进口退税	进项税额转出			

表 3 – 10 – 8　　　　会计账簿格式 8（分类账——多栏式—十六栏式）

分第_____页总第_____页

一级会计科目	
二级会计科目	

明细分类账

年		凭证		摘要	借方	贷方	借或贷	余额	余　额							核对
月	日	种类	号数													

表 3 – 10 – 9 　　　　　会计账簿格式 9（备查账——销售业务登记簿）

销售业务登记簿

年		购货单位名称	合同号	货物名称	规格	数量	单价	货款结算方式	销货方式	销售折扣（折让）	发货时间	合同约定收款时间	实际收款时间	代垫运费	备注
月	日														

表 3 – 10 – 10 　　　　　会计账簿格式 10（备查账——物资采购登记簿）

物资采购业务登记簿

年		供货单位名称	合同号	货物名称	规格	数量	单价	货款结算方式	购货方式	购货折扣（折让）	收货时间	合同约定付款时间	实际付款时间	代垫运费	备注
月	日														

表 3 - 10 - 11　　　会计账簿格式 11（序时账——三栏式库存现金日记账）

库 存 现 金 日 记 账

_____年度　　　　　　　　　　　　　　　　　　　　　　第____页

年		凭证		摘　要	对方科目	总页	借　方										√	贷　方										√	借或贷	余　额										核对
月	日	种类	号数				千	百	十	万	千	百	十	元	角	分		千	百	十	万	千	百	十	元	角	分			千	百	十	万	千	百	十	元	角	分	
12	31			月初余额																																				

表 3 - 10 - 12　　　会计账簿格式 12（序时账——多栏式库存现金日记账）

多栏式库存现金日记账

_____年度　　　　　　　　　　　　　　　　　　　　　　第____页

年		凭证		摘　要	收　入				支　出					结存	核对
月	日	种类	号数		应贷科目			合计	应借科目				合计		
					银行存款	其他应收款	主营业务收入		银行存款	其他应付款	管理费用	营业费用			

表 3 – 10 – 13　会计账簿格式 13（序时账——多栏式库存现金支出日记账）

库存现金支出日记账

　　　　　年度　　　　　　　　　　　　　　　　　第___页

年		收款凭证号数	摘　要	借方科目								结存	核对
月	日			银行存款	其他应付款	管理费用	营业费用	财务费用			合计		

表 3 – 10 – 14　会计账簿格式 14（序时账——多栏式库存现金收入日记账）

库存现金收入日记账

　　　　　年度　　　　　　　　　　　　　　　　　第___页

年		付款凭证号数	摘　要	借方科目								结存	核对
月	日			银行存款	其他应付款	主营业务收入	其他业务收入	利息收入	租赁收入		合计		

2. 会计账簿分类表（表 3 - 10 - 15）

表 3 - 10 - 15　　　　　　　　　　　会计账簿分类表

分类标准	账簿名称	应用范围	登记要点
按会计账簿的用途分类	序时账	日记账	序时、逐日、逐笔登记；日清月结
	分类账		
	备查账		
分类标准	账簿名称	应用范围	优、缺点
按会计账簿的格式分类	订本账		
	活页账		
	卡片账		

任务 11　错账的更正

训练目的：

通过训练掌握错账的更正方法。

训练内容：

根据已发生的经济业务及相关记录，判断错账类别进行更正。

训练要求：

根据训练资料提供的会计凭证和账页，说明错误类型（金额、科目、记账方向）应采用的更正方法和更正步骤。

训练提示：

1. 凡在过账后发现的错账，涉及账簿登记更正的时间均为 6 月 28 日。
2. 需要重新编制会计凭证的，起始号为 43 号。
3. 鉴于第三篇"综合训练"中将对各类账簿登记方法进行系统训练，本任务所需更正的会计账簿登记均只要求登记总账。

训练资料：

1. 2010年6月25日，会计人员在进行账簿审核中发现下列问题（见表3 – 11 – 1 至表3 – 11 – 12）。各经济业务原始凭证见实训二任务8"记账凭证的审核"业务1～5。

2. 会计凭证和账页（表3 – 11 – 1 至表3 – 11 – 12）

业务1　2010年6月4日，开出现金支票提现8 000元备用。已编制记账凭证和账簿记录如下：

表3 – 11 – 1

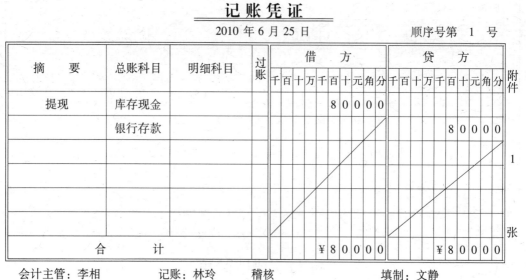

记 账 凭 证

2010 年 6 月 25 日　　　　　　　顺序号第　1　号

摘　要	总账科目	明细科目	过账	借　方 千百十万千百十元角分	贷　方 千百十万千百十元角分	附件
提现	库存现金			8 0 0 0 0		
	银行存款				8 0 0 0 0	1
						张
合　　计				￥8 0 0 0 0	￥8 0 0 0 0	

会计主管：李相　　　　记账：林玲　稽核　　　　　　填制：文静

表3 – 11 – 2

分第_____页总第_____页

	会计科目编号	
	会计科目名称	现　金

库 存 现 金

2010年 月 日	凭证 种类 号数	摘　要	借　方 百十万千百十元角分	√	贷　方 百十万千百十元角分	√	借或贷	余　额 百十万千百十元角分	核对
6 1		月初余额					借	1 0 0 0 0 0 0	
6 4	记 1	提现备用	8 0 0 0 0	√			借	1 0 8 0 0 0 0	

表 3 – 11 – 3

银行存款

分第_____页总第_____页

会计科目编号	
会计科目名称	现　金

2010年		凭证		摘　要	借　方									√	贷　方									√	借或贷	余　额									核对
月	日	种类	号数		百	十	万	千	百	十	元	角	分		百	十	万	千	百	十	元	角	分			百	十	万	千	百	十	元	角	分	
6	1			月初余额	3	8	9	4	2	5	6	0	0												借	3	8	9	4	2	5	6	0	0	
6	4	记	1	提现															8	0	0	0	0		借	3	8	9	3	4	5	6	0	0	

错账类型：

更正方法：

更正步骤：

133

表 3 – 11 – 4

记账凭证

年　　月　　日　　　　　　　　　顺序号第　　号

摘　要	总账科目	明细科目	过账	借　方									贷　方									附件
				千	百	十	万	千	百	十	元	角	分	千	百	十	万	千	百	十	元	角	分
																							张
合　　计																							

会计主管　　　　　　记账　　　　　　　稽核　　　　　　　填制

业务2 2010年6月6日，收到前已付款的甲材料，验收入库。有关记账凭证和账簿记录如下：

表3-11-5

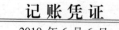

记 账 凭 证

2010 年 6 月 6 日　　　　　　　　　　顺序号第　2　号

摘　要	总账科目	明细科目		借　方 千百十万千百十元角分	贷　方 千百十万千百十元角分	
外购材料入库	原材料	甲材料		2 0 4 6 5 0 0 0	2 0 4 6 5 0 0 0	附件
	材料采购	甲材料				1
						张
合　　　计				￥2 0 4 6 5 0 0 0	￥2 0 4 6 5 0 0 0	

会计主管：李相　　　　记账：林玲　　稽核　　　　　　　填制：文静

134

表3-11-6

分第＿＿＿＿页总第＿＿＿＿页

会计科目编号	
会计科目名称	现　金

原 材 料

2010年 月 日	凭证 种类 号数	摘　要	借　方 百十万千百十元角分	√	贷　方 百十万千百十元角分	√	借或贷	余　额 百十万千百十元角分	核对
6 1		月初余额					借	7 4 2 0 0 0 0 0	
6 6	记 2	外购材料入库	2 0 4 6 5 0 0 0	√			借	9 4 6 6 5 0 0 0 0	

表 3 – 11 – 7

材料采购

会计科目编号	
会计科目名称	现　金

2010年		凭证		摘　要	借　方									√	贷　方									√	借或贷	余　额									核对
月	日	种类	号数		百	十	万	千	百	十	元	角	分		百	十	万	千	百	十	元	角	分			百	十	万	千	百	十	元	角	分	
6	1			月初余额																					借		8	5	0	0	0	0	0	0	
6	6	记	2	外购材料入库												2	0	4	6	5	0	0	0	√	借		6	4	5	3	5	0	0	0	

错账类型：

更正方法：

更正步骤：

表 3 – 11 – 8

记 账 凭 证

年　　月　　日　　　　　　　　　　顺序号第　　号

摘　要	总账科目	明细科目	过账	借　方									贷　方									
				千	百	十	万	千	百	十	元	角	分	千	百	十	万	千	百	十	元	角	分
合　　　计																							

附件　　　　张

会计主管　　　　　　记账　　　　　　稽核　　　　　　填制

业务3　2010年6月11日，支付原欠长江公司货款20 000元。已编制记账凭证和账簿记录如下：

表3-11-9

记　账　凭　证

2010 年 6 月 11 日　　　　　　　　　顺序号第　3　号

摘　　要	总账科目	明细科目	过账	借　　方	贷　　方	
				千百十万千百十元角分	千百十万千百十元角分	附件
支付前欠货款	银行存款		√	2 0 0 0 0 0 0		
	应付账款	长江公司	√		2 0 0 0 0 0 0	
						1
合　　　　计				￥2 0 0 0 0 0 0	￥2 0 0 0 0 0 0	张

会计主管：李相　　　　记账：林玲　稽核　　　　　填制：文静

表3-11-10

银　行　存　款

分第＿＿＿＿页总第＿＿＿＿页

会计科目编号	
会计科目名称	现　金

2010年		凭证		摘　要	借　　方	√	贷　　方	√	借或贷	余　　额	核对
月	日	种类	号数		百十万千百十元角分		百十万千百十元角分			百十万千百十元角分	
6	1			月初余额	3 8 9 4 2 5 6 0 0				借	3 8 9 4 2 5 6 0 0	
6	4	记	1	提现			8 0 0 0 0		借	3 8 9 3 4 5 6 0 0	
6	11	记	3	支付前欠货款	2 0 0 0 0 0 0				借	3 9 1 3 4 5 6 0 0	

表 3 – 11 – 11

应 付 账 款

会计科目编号	
会计科目名称	现　金

2010年		凭证		摘　要	借　方										√	贷　方										√	借或贷	余　额										核对
月	日	种类	号数		百	十	万	千	百	十	元	角	分			百	十	万	千	百	十	元	角	分			百	十	万	千	百	十	元	角	分	
6	1			月初余额																						贷		8	5	0	0	0	0	0	0	
6	6	记	2	外购材料入库												2	0	4	6	5	0	0	0	√	贷		6	4	5	3	5	0	0	0	
6	11	记	3	支付前欠货款												2	2	4	6	5	0	0	0		贷		8	7	0	0	0	0	0	0	

错账类型：

更正方法：

更正步骤：

137

表 3 – 11 – 12

记 账 凭 证

年　　月　　日　　　　　　顺序号第　　号

摘　要	总账科目	明细科目	过账	借　方										贷　方										附件
				千	百	十	万	千	百	十	元	角	分	千	百	十	万	千	百	十	元	角	分	
																								张
合　　　计																								

会计主管　　　　　　记账　　　　　　稽核　　　　　　填制

表 3 – 11 –13

记 账 凭 证

年　月　日　　　　　　　顺序号第　号

摘　要	总账科目	明细科目	过账	借　方	贷　方	附件
				千百十万千百十元角分	千百十万千百十元角分	
						张
合　　计						

会计主管　　　　记账　　　　　稽核　　　　　填制

业务4　2010年6月18日，向广福公司销售设备10台，每台成本4 500元，售价6 000元，货已发，款未收，已办妥委托收款手续。已编制记账凭证和账簿记录如下：

表 3 – 11 – 14

记 账 凭 证

2010 年 6 月 18 日　　　　　　　顺序号第　14　号

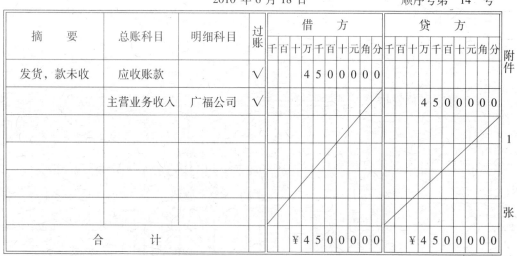

摘　要	总账科目	明细科目	过账	借　方	贷　方	附件
				千百十万千百十元角分	千百十万千百十元角分	
发货，款未收	应收账款		√	4 5 0 0 0 0 0		
	主营业务收入	广福公司	√		4 5 0 0 0 0 0	1
						张
合　　计				¥4 5 0 0 0 0 0	¥4 5 0 0 0 0 0	

会计主管：李相　　　记账：林玲　　稽核　　　　　填制：文静

表 3－11－15

应 收 账 款

分第_____页总第_____页

会计科目编号	
会计科目名称	现　金

2010年		凭证		摘　要	借　方									√	贷　方									√	借或贷	余　额									核对
月	日	种类	号数		百	十	万	千	百	十	元	角	分		百	十	万	千	百	十	元	角	分			百	十	万	千	百	十	元	角	分	
6	1			月初余额																					借			6	5	0	0	0	0	0	
6	18	记	14	发货，款未收			4	5	0	0	0	0	0	√										借			6	9	5	0	0	0	0	

表 3－11－16

主营业务收入

分第_____页总第_____页

会计科目编号	
会计科目名称	现　金

2010年		凭证		摘　要	借　方									√	贷　方									√	借或贷	余　额									核对
月	日	种类	号数		百	十	万	千	百	十	元	角	分		百	十	万	千	百	十	元	角	分			百	十	万	千	百	十	元	角	分	
6	18	记	14	发货，未收款													4	5	0	0	0	0	0	√	贷				4	5	0	0	0	0	0	

错账类型：
更正方法：
更正步骤：

表 3 – 11 – 17

记 账 凭 证

　　　　年　　　月　　　日　　　　　　　　　　顺序号第　　　号

摘　要	总账科目	明细科目	过账	借　方										贷　方										附件
				千	百	十	万	千	百	十	元	角	分	千	百	十	万	千	百	十	元	角	分	
																								张
合　　计																								

会计主管　　　　　　记账　　　　　　　稽核　　　　　　　填制

　　业务 5　2010 年 6 月 26 日，公司行管部报销购买办公用品款 660 元，用现金补足其定额。已编制记账凭证和账簿记录如下：

表 3 – 11 – 18

记 账 凭 证

　　　　2010 年 6 月 25 日　　　　　　　　　　顺序号第　25　号

摘　要	总账科目	明细科目	过账	借　方										贷　方										附件
				千	百	十	万	千	百	十	元	角	分	千	百	十	万	千	百	十	元	角	分	
购买办公用品	管理费用	办公费						6	6	0	0	0												
	库存现金																		6	6	0	0	0	
																								1
																								张
合　　计								¥	6	6	0	0	0					¥	6	6	0	0	0	

会计主管：李相　　　　记账：林玲　　稽核　　　　　　填制：文静

表 3 – 11 – 19

分第＿＿＿页总第＿＿＿页

会计科目编号	
会计科目名称	现 金

管 理 费 用

2010年		凭证		摘 要	借 方	√	贷 方	√	借或贷	余 额	核对
月	日	种类	号数		百十万千百十元角分		百十万千百十元角分			百十万千百十元角分	
6	8	记	10	支付公司电话费	3 0 0 0 0 0	√			借	3 0 0 0 0 0	
6	10	记	12	支付公司水费	2 0 0 0 0 0	√			借	5 0 0 0 0 0	
6	12	记	16	支付公司电费	4 0 0 0 0 0	√			借	9 0 0 0 0 0	
6	14	记	17	支付公司保险费	1 6 0 0 0 0	√			借	1 0 6 0 0 0 0	
6	16	记	19	支付差旅费	3 0 0 0 0 0	√			借	1 3 6 0 0 0 0	
6	18	记	21	支付公司业务培训费	2 0 0 0 0 0	√			借	1 5 6 0 0 0 0	
6	25	记	25	购买办公用品费	6 0 0 0 0	√			借	1 6 2 0 0 0 0	

表 3 – 11 – 20

分第＿＿＿页总第＿＿＿页

会计科目编号	
会计科目名称	现 金

现 金

2010年		凭证		摘 要	借 方	√	贷 方	√	借或贷	余 额	核对
月	日	种类	号数		百十万千百十元角分		百十万千百十元角分			百十万千百十元角分	
6	1			月初余额					借	1 0 0 0 0 0 0	
6	4	记	1	提现备用	8 0 0 0 0 0	√			借	1 8 0 0 0 0 0	
6	14	记	17	支付公司保险费			1 6 0 0 0 0	√	借	1 6 4 0 0 0 0	
6	16	记	19	支付差旅费			3 0 0 0 0 0	√	借	1 3 4 0 0 0 0	
6	18	记	21	支付公司业务培训费			2 0 0 0 0 0	√	借	1 1 4 0 0 0 0	
6	25	记	25	购买办公用品费			6 0 0 0 0	√	借	1 0 8 0 0 0 0	

错误类型：

更正方法：

更正步骤：

任务 12　账簿的启用

训练目的：

通过训练掌握账簿启用、建账的基本方法。

训练内容：

根据训练资料填写账簿使用登记表，登记账户期初余额。

训练要求：

1. 按照会计账簿登记规范，填写账簿使用登记表（表 3 - 12 - 1）。
2. 根据账户期初余额表（表 3 - 12 - 2）登记账户期初余额（可选登）。

训练提示：

登记账户期初余额时请按任务 8 中的账簿格式自备账页。

训练资料：

1. 账簿使用登记表（表 3 - 12 - 1）

表 3 - 12 - 1　　　　　　　　　账簿使用登记表

使用者名称				印　鉴	
账 簿 编 号					
账 簿 页 数	本账簿共计使用　　　　页				
启 用 日 期	年　　月　　日				
截 止 日 期	年　　月　　日				
责任者盖章	出　纳	审　核	主　管	部门领导	

交　接　记　录					
姓名	交接日期		交接盖章	监交人员	
				职务	姓名
	经管　年　月　日				
	交出　年　月　日				
	经管　年　月　日				
	交出　年　月　日				
	经管　年　月　日				
	交出　年　月　日				
印花税票					

注：表 3 - 12 - 1 请根据实训二会计凭证中任务 5、任务 6 中的有关资料填写。

2. 账户期初余额表（表 3－12－2）

表 3－12－2　　总分类账户年初余额、11 月累计发生额、11 月末余额表

2010 年 11 月 30 日

序号	代码	账户名称	2010 年年初数		2010 年 1~11 月累计发生额		2010 年 11 月末余额	
			借方	贷方	借方	贷方	借方	贷方
1	1002	库存现金	50 600.00		1 124 670.00	1 153 200.00	22 070.00	
2	1002	银行存款	846 518.00		12 498 050.00	12 489 300.00	855 268.00	
3	1012	其他货币资金			60 000.00	42 800.00	17 200.00	
4	1121	应收票据			5 000.00		5 000.00	
5	1122	应收账款	220 000.00		245 890.00	360 000.00	105 890.00	
6	1123	预付账款	82 000.00		36 000.00	56 000.00	62 000.00	
9	1221	其他应收款	64 620.00		87 600.00	86 500.00	65 720.00	
11	1401	材料采购			216 600.00	216 600.00		
13	1403	原材料	160 080.00		12 426 000.00	11 089 000.00	1 497 080.00	
15	1405	库存商品	610 000.00		5 984 800.00	6 080 000.00	514 800.00	
18	1511	长期股权投资	200 000.00				200 000.00	
20	1601	固定资产	3 619 160.00		566 692.00	450 000.00	3 735 852.00	
21	1602	累计折旧		654 000.00	52 600.00	302 000.00		903 400.00
23	1604	在建工程			40 000.00		40 000.00	
24	1606	固定资产清理			60 000.00	60 000.00	0.00	
25	1701	无形资产	58 800.00			4 800.00	54 000.00	
29	1801	长期待摊费用	36 000.00			20 000.00	16 000.00	
30	1901	待处理财产损溢	65 000.00		42 000.00	38 000.00	69 000.00	
31	2001	短期借款		20 000.00	40 000.00	60 000.00		40 000.00
32	2201	应付票据		28 000.00	50 000.00	42 000.00		20 000.00
33	2202	应付账款		30 000.00	1 446 290.00	2 105 800.00		689 510.00
34	2203	预收账款		45 000.00	22 000.00	36 000.00		59 000.00
35	2211	应付职工薪酬			2 020 000.00	2 020 000.00		0.00
36	2221	应交税费		389 200.00	2 095 600.00	1 888 000.00		181 600.00
38	2232	应付股利		400 000.00				400 000.00
39	2241	其他应付款		3 210.00	8 200.00	7 900.00		2 910.00
40	2501	长期借款		700 000.00				700 000.00
41	2502	应付债券		19 560.00		200 000.00		219 560.00
43	4001	实收资本		4 000 000.00				4 000 000.00
44	4002	资本公积		90 000.00				90 000.00
45	4101	盈余公积		120 000.00				120 000.00
46	4103	本年利润			9 080 000.00	9 080 000.00		
47	4104	利润分配		100 000.00				100 000.00
48	5001	生产成本	586 192.00		6 520 800.00	6 840 892.00	266 100.00	
49	5101	制造费用			663 010.00	663 010.00		
51	6001	主营业务收入			9 248 060.00	9 248 060.00		
54	6051	其他业务收入			100 000.00	100 000.00		

表 3 - 12 - 2（续）

序号	代码	账户名称	2010年年初数		2010年1~11月累计发生额		2010年11月末余额	
			借方	贷方	借方	贷方	借方	贷方
56	6111	投资收益			26 000.00	26 000.00		
57	6301	营业外收入			98 600.00	98 600.00		
58	6401	主营业务成本			7 640 200.00	7 640 200.00		
59	6402	其他业务成本			80 000.00	80 000.00		
60	6403	营业税金及附加			342 600.00	342 600.00		
62	6601	销售费用			200 000.00	200 000.00		
63	6602	管理费用			801 000.00	801 000.00		
64	6603	财务费用			64 200.00	64 200.00		
65	6711	营业外支出			42 000.00	42 000.00		
66	6801	所得税费用						
		合　计	6 598 970.00	6 598 970.00	74 034 462.00	74 034 462.00	7 525 980.00	7 525 980.00

3. 总分类账户、明细分类账户（表3-12-3）

表3-12-3　　　**明细分类账户12月初余额表（部分）**

2010年12月1日

序号	科目代码	一级科目名称	明细科目名称	月初余额	
				借方	贷方
3	1012　02	其他货币资金	外埠存款	11 000.00	
4	1121	应收票据	远明家具公司	5 000.00	
5	1122	应收账款			
5	1122　01	应收账款	海伦家具有限公司	80 890.00	
5	1122　02	应收账款	宏达贸易公司	25 000.00	
6	1123	预付账款			
6	1123　01	预付账款	南方木材公司	30 000.00	
6	1123　02	预付账款	宇轩木业有限公司	32 000.00	
9	1221	其他应收款			
9	1221　01	其他应收款	采购科	35 820.00	
9	1221　02	其他应收款	销售科	24 500.00	
9	1221　03	其他应收款	林咏强	5 400.00	
11	1401	材料采购			
11	1401　01	材料采购	百秀木业有限公司		
11	1401　02	材料采购	益圆木业		
13	1403	原材料			
13	1403　01	原材料	原料及主要材料——中纤板	502 680.00	
13	1403　02	原材料	原料及主要材料——方料	270 790.00	
13	1403　03	原材料	原料及主要材料——指接板	314 583.00	
13	1403　04	原材料	辅助材料——木卡板	62 430.00	

表 3 - 12 - 3（续）

序号	科目代码		一级科目名称	明细科目名称	月初余额	
					借方	贷方
13	1403	05	原材料	辅助材料——封边带	42 390.00	
13	1403	06	原材料	辅助材料——木工胶	30 910.00	
13	1403	07	原材料	辅助材料——五金配件	167 209.00	
14	1404	01	包装物	泡末布	42 098.00	
14	1404	02	包装物	纸箱	63 990.00	
15	1405		库存商品			
15	1405	01	库存商品	班台——A822	54 210.00	
15	1405	02	库存商品	班台——A833	60 800.00	
15	1405	03	库存商品	班台——A844	18 900.00	
15	1405	04	库存商品	班台——A855	20 160.00	
15	1405	05	库存商品	会议桌——B110	30 700.00	
15	1405	06	库存商品	会议桌——B112	68 010.00	
15	1405	07	库存商品	会议桌——B114	24 780.00	
15	1405	08	库存商品	会议桌——B116	34 590.00	
15	1405	09	库存商品	书柜——C611	46 790.00	
15	1405	10	库存商品	书柜——C622	35 240.00	
15	1405	11	库存商品	书柜——C633	79 200.00	
15	1405	12	库存商品	书柜——C644	41 420.00	
18	1511		长期股权投资		200 000.00	
20	1601		固定资产			
20	1601	01	固定资产	生产用房——机加工车间	340 422.00	
20	1601	02	固定资产	生产用房——油漆车间	347 800.00	
20	1601	03	固定资产	生产用房——包装车间	180 200.00	
20	1601	04	固定资产	生产用房——原料库	186 400.00	
20	1601	05	固定资产	生产用房——辅料库	124 800.00	
20	1601	06	固定资产	生产用房——成品库	247 800.00	
20	1601	07	固定资产	非生产用房——厂部办公楼	602 000.00	
20	1601	08	固定资产	非生产用房——门市部	40 290.00	
20	1601	09	固定资产	机械设备——机加工车间	201 000.00	
20	1601	10	固定资产	机械设备——油漆车间	362 400.00	
20	1601	11	固定资产	机械设备——包装车间	160 200.00	
20	1601	12	固定资产	机械设备——原料库	101 000.00	
20	1601	13	固定资产	机械设备——辅料库	89 020.00	
20	1601	14	固定资产	机械设备——成品库	68 920.00	

注：鉴于篇幅所限，表 3 - 12 - 3 只提供了表 3 - 12 - 2 中部分总分类账户的明细科目资料。

任务 13　结账和对账

训练目的：

通过训练掌握会计账簿结账和对账的基本方法。

训练内容：

根据训练资料进行银行存款日记账、原材料明细分类账、应收账款明细分类账的结账、对账。

训练要求：

1. 根据银行送来的对账单（表 3 - 13 - 1）与"银行存款日记账"（表 3 - 13 - 2）逐笔核对，查明是否正确，确定未达账项，编制"银行存款余额调节表"（表 3 - 13 - 3），并结出月末余额、季末余额、年末余额。

2. 根据原材料明细分类账（表 3 - 13 - 4）的有关记录结出当月余额，再根据"财产盘存单"（表 3 - 13 - 5），编制账实存对比表。

3. 根据应收账款总账（表 3 - 13 - 3）及所属明细分类账的有关记录结出当月余额，再根据"往来款项清查报告单"确定未达账项，编制"往来款项余额调节表"，结出月末余额和季末余额、年末余额。

训练资料：

1. 银行存款对账单（表 3 - 13 - 1）

表 3 - 13 - 1

银 行 对 账 单

户名：美科公司　　　　　　　　　　　　　　　　　　　　　　　　　　账号：2400156

| 2010 年 | | 结算凭证 | | | 收入 | 付出 | 结存 | 核对 |
月	日	现金支票	转账支票	其他				
12	1		3 712. 00			100 000. 00	320 000. 00	
12	1		3 713. 00			42 000. 00	278 000. 00	
12	5		5 430. 00		58 500. 00		336 500. 00	
12	9			电汇	600 000. 00		936 500. 00	
12	10		3 714. 00			291 720. 00	644 780. 00	
12	12		3 715. 00			23 400. 00	621 380. 00	
12	13		4 302. 00		200 000. 00		821 380. 00	
12	14	1 421. 00			1 800. 00		823 180. 00	
12	16			托收	468 000. 00		1 291 180. 00	
12	20		3 716. 00			351 000. 00	940 180. 00	
12	24			汇兑		24 000. 00	916 180. 00	

2. 银行存款日记账（见表 3 - 13 - 2）

表 3 - 13 - 2

银 行 存 款 日 记 账

| 2010 年 | | 记账凭证 | | 摘要 | 收入 | 付出 | 借或贷 | 结存 | 记账 |
月	日	字	号						
12	1			月初余额			借	420 000.00	
12	1	银付	1	存入汇票存款		100 000.00	借	320 000.00	
12	1	银付	2	提取现金		42 000.00	借	278 000.00	
12	5	银收	1	销售产品	50 000.00 8 500.00		借	336 500.00	
12	9	银收	2	收回应收账款	600 000.00		借	936 500.00	
12	10	银付	3	支付商业承兑汇票		291 720.00	借	644 780.00	
12	12	银付	4	购买材料		20 000.00 3 400.00	借	621 380.00	
12	13	银收	3	借入短期借款	200 000.00		借	821 380.00	
12	16	银收	5	收到货款	468 000.00		借	1 289 380.00	
12	20	银付	5	采购材料		300 000.00 51 000.00	借	938 380.00	
12	28	银付	7	缴纳增值税		76 000.00	借	862 380.00	
12	30	银收	5	收到投资利润	240 000.00		借	1 102 380.00	
12	31	银付	8	预交保险费		2 000.00	借	1 100 380.00	
				本月合计	1 566 500.00	886 120.00	借	1 100 380.00	
				本季合计	5 007 600.00	4 626 720.00			
				本年合计	19 642 600.00	18 802 220.00			
				年初余额	260 000.00				
				结转下年		1 100 380.00		0	
				合 计	19 902 600.00	19 902 600.00			

提示：请在月结、季结、年结时，用红笔划出相应的结账区间。

3. 银行存款余额调节表（见表 3 – 13 – 3）

表 3 – 13 – 3

银行存款余额调节表

存款种类：结算户　　　　　　　　2010 – 12 – 31

项目	金额	项目	金额
企业银行存款日记账余额	1 100 380.00	银行对账单余额	916 180.00
加：银行已收，企业未收	1 800.00	加：企业已收，银行未收	240 000.00
减：银行已付，企业未付	24 000.00	减：企业已付，银行未付	78 000.00
调整后的存款余额	1 078 180.00	调整后的存款余额	1 078 180.00

4. 财产盘存单（见表 3 – 13 – 4）

表 3 – 13 – 4

盘 存 表

单位名称：美科公司　　　　　盘点时间：2010 年 11 月 26 日　　　　编号：2
财产类别：原材料　　　　　　存放地点：1 号仓库　　　　　　　　　单位：元

编号	名称	规格	计量单位	数量	单价	金额	备注
GB0101	板材	2440 × 1220 × 25	张				
GB0102	板材	2440 × 1220 × 18	张				
GB0103	板材	2440 × 1220 × 16	张				
GB0105	板材	2440 × 1220 × 9	张				
GB0108	板材	2440 × 1220 × 6	张				
GB0109	板材	2440 × 1220 × 5	张				
GB0110	板材	2440 × 1220 × 3	张				
GB0111	板材	2440 × 1220 × 2.8	张				

盘点人签章：　　　　　　　　　　　　　　保管人签章：

5. 原材料明细账（见表 3 - 13 - 5）

表 3 - 13 - 5

明 细 账

最高储备量 _____ 类　别 _____ 储备定额 _____ 编　号 _____ 规　格 _____

最低储备量 _____ 存放地点 _____ 计划单价 _____ 计量单位 _____ 名　称 _____

年		凭证		摘　要	收　入			发　出			结　余			核对
月	日	字	号		数量	单价	金　额	数量	单价	金　额	数量	单价	金　额	
12	31			月初余额										
		转												

6. 实存账存对比表（见表 3 - 13 - 6）

表 3 - 13 - 6

实存账存对比表

单位名称：　　　　　　　　　　　　　　年　月　日　　　　　　　　　　单位：元

编号	名称	规格	计量单位	单价	账存		实存		对比结果				备注
					数量	金额	数量	金额	盘盈		盘亏		
									数量	金额	数量	金额	

单位负责人签章：　　　　　　　　　　　　　　　　填表人签章：

7. 往来款项对账单（见表 3 – 13 – 7）

表 3 – 13 – 7

往来款项对账单

公司：

你公司于 2010 年 3 月 18 日到我公司购买甲产品 1 500 件，已付款 10 000 元，还有 5 000 元未付，请核对后将回单联寄回。

公司（盖章）
2010 年 11 月 10 日

- -

往来款项对账单（回单）

公司：

你公司寄来的"往来款项对账单"已收到，经核对相符。

公司（盖章）
2010 年 11 月 10 日

8. 应收账款明细账（见表 3 – 13 – 8）

表 3 – 13 – 8

应收账款明细账

2010 年		记账凭证		摘　　要	借方	贷方	余额	借或贷	核对
月	日	字	号						

9. 往来款项清查报告单（见表 3 - 13 - 9）

表 3 - 13 - 9

往来款项清查报告单

编制单位：　　　　　　　　　　　　年　月　日　　　　　　　　　单位：元

总账及明细分类账户名称	账面金额	核对结果		核对不符原因分析			备注
		相符金额	不符金额	未达账项	有争议金额	其他	

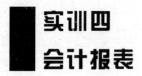

实训四
会计报表

任务14　资产负债表项目的填制

训练目的:

通过训练掌握资产负债表主要项目的编制方法。

训练内容:

根据表3－12－2中的"2010年11月末余额",写出表4－14－1中报表项目所涉及的会计科目名称、会计科目信息形式、金额、计算过程和填写方法。

训练要求:

1. 写出表4－14－1中报表项目所依据的会计科目名称。
2. 写出表4－14－1中报表项目所依据的会计科目信息形式。
3. 写出表4－14－1中报表项目的金额。
4. 写出表4－14－1中报表项目的计算过程。
5. 写出表4－14－1中报表项目填写方法。

训练提示:

1. 表中第(1)栏项目所"依据的会计科目名称"只需写出总账科目名称。
2. 表中第(2)栏"会计科目信息形式"应写出是借方或贷方,是余额或是发生额。
3. 第(5)栏"计算方法"有以下几种:

方式一:根据总分类账户的期末余额直接填列;

方式二:根据两个及以上的总分类账户的期末余额相加后填列;

方式三:根据两个及以上的总分类账户的期末余额相减后填列。

注:表中第(5)栏只需写出方式一、或方式二、或方式三即可。

训练资料：

1. 资产负债表项目（部分）（表4－14－1）

表4－14－1
资产负债表项目（部分）

序号	项　　目	依据的会计科目名称	会计科目信息形式	应填写的报表金额	计算过程	填写方法
		（1）	（2）	（3）	（4）	（5）
1	货币资金	库存现金 银行存款 其他货币资金	借方余额	894 538	22 070 + 855 268 + 17 200	方式二
2	应收票据					
3	应收账款					
4	预付款项					
5	其他应收款					
6	存货					
7	长期股权投资					
8	固定资产					
9	在建工程					
10	无形资产					
11	长期待摊费用					
12	短期借款					
13	应付票据					
14	应付账款					
15	预收款项					
16	应交税费					
17	应付股利					
18	其他应付款					
19	长期借款					
20	实收资本					
21	资本公积					
22	盈余公积					
23	未分配利润					

说明：（1）指会计报表项目所填金额是根据哪些总账或明细账的与名称。

　　　　（2）指会计报表项目所填金额是根据哪些总账或明细账的借方或贷方。

任务 15   利润表项目的填制

训练目的：

通过训练掌握利润表的编制方法。

训练内容：

根据表 4 – 15 – 1 中的"2010 年 11 月发生额"，写出表 4 – 15 – 2 中报表项目所涉及的会计科目名称和填写方法，编制利润表（表 4 – 15 – 3）。

训练要求：

1. 写出表 4 – 15 – 2 中报表项目所依据的会计科目名称；
2. 写出表 4 – 15 – 3 中报表项目金额的填写方法；
3. 编制利润表（表 4 – 15 – 3）。

训练资料：

1. 损益类账户发生额资料（表 4 – 15 – 1）

表 4 – 15 – 1

损益类账户 11 月发生额

序号	代码	账户名称	借方	贷方
1	6001	主营业务收入		840 732.73
2	6051	其他业务收入		9 090.91
3	6111	投资收益		2 363.64
4	6301	营业外收入		8 963.64
5	6401	主营业务成本	694 563.64	
6	6402	其他业务成本	7 272.73	
7	6403	营业税金及附加	31 145.45	
8	6601	销售费用	18 181.82	
9	6602	管理费用	72 818.18	
10	6603	财务费用	5 836.36	
11	6711	营业外支出	3 818.18	
12	6801	所得税费用	6 800.25	
合　　计			840 436.61	861 150.92

2. 利润表（表 4 – 15 – 2）

表 4 – 15 – 2

利润表

2010 年 11 月 30 日

项　　目	本期金额	上期金额
一、营业收入		（略）
减：营业成本		
营业税金及附加		
销售费用		
管理费用		
财务费用		
资产减值损失	—	
加：公允价值变动收益（损失以"-"号填列）	—	
投资收益（损失以"-"号填列）		
其中：对联营企业和合营企业的投资收益	—	
二、营业利润（亏损以"-"号填列）		
加：营业外收入		
减：营业外支出		
其中：非流动资产处置损失	—	
三、利润总额（亏损总额以"-"号填列）		
减：所得税费用		
四、净利润（净亏损以"-"号填列）		
五、每股收益	—	
（一）基本每股收益	—	
（二）稀释每股收益	—	

单位负责人：　　　　财会负责人：　　　　复核：　　　　制表：

155

3. 利润表部分项目填写方法（表4-15-3）

表4-15-3

利润表部分项目填写方法

序号	报表项目	所依据的会计科目名称	填写方法
1	营业收入	主营业务收入 其他业务收入	根据账户本月发生额直接列入
2	营业成本	主营业务成本 其他业务成本	
3	营业税金及附加	营业税金及附加	
4	销售费用	销售费用	
5	管理费用	管理费用	
6	财务费用	财务费用	
7	投资收益	投资收益	
8	营业利润	主营业务收入 其他业务收入 主营业务成本 其他业务成本 营业税金及附加 销售费用 管理费用 财务费用	
9	营业外收入	营业外收入	
10	营业外支出	营业外支出	
12	利润总额	主营业务收入 其他业务收入 主营业务成本 其他业务成本 营业税金及附加 销售费用 管理费用 财务费用 营业外收入 营业外支出	
13	所得税费用	所得税费用	
14	净利润	"利润总额"减所得税费用	

第三篇

会计基本账务处理实训与指导

（根据财政部最新《企业会计准则》编写）

一、实训组织

（一）实训目的

本实训以模拟四川希望果蔬饮品有限责任公司 2010 年 12 月份发生的经济业务为主线，设计了从建账到日常会计核算、成本计算、利润计算与分配到编制会计报表的相关资料。通过实训，学生不仅能够掌握填制和审核原始凭证与记账凭证、登记账簿、成本计算和编制会计报表的基本程序与方法，而且能初步尝试出纳员、材料核算员、记账员等工作岗位的具体工作，对工业企业会计核算的全过程形成一个比较系统、完整的认识，达到具备从事会计工作基本能力的目的。具体实训目的如下：

（1）通过建立一套完整的账簿体系，完成模拟公司一个月的基本经济业务处理，掌握会计核算的基本程序和具体方法，并对所学的会计理论知识有一个具体的认识。

（2）巩固和掌握所学的会计理论知识，提高会计理论知识的综合运用能力，强化会计基本技能的训练，为专业课程学习和岗位工作实践奠定一定的基础。

（3）通过实训，加深学生对会计工作岗位的了解和认识，培养学生的职业意识，提高学生的会计专业素质和动手操作能力，造就一批爱岗敬业、尽职尽责、勤奋工作、求真务实、遵纪守法、勤于学习、精心理财、团结协作的应用型现代会计人才。

（二）实训程序

1. 建账

建账是指会计人员根据会计法规、制度的规定，结合本企业管理和会计核算工作的需要，建立会计账册的工作，即设置会计账簿。

建账的目的是为会计核算工作提供必要的手段，其重要意义表现在以下几个方面：

（1）通过建账，可以对经济业务进行序时和分类核算，将核算资料加以系统化，全面、系统地提供有关财务状况、经营成果的总括和明细资料，为正确的计算费用、成本和利润提供了基础。

（2）通过建账，可以分门别类地对经济业务进行归集，积累一定时期的会计资料，为编制会计报表提供资料。

（3）通过建账，可以反映一定时期的资金来源和运用情况，有助于保护企业财产物资的安全完整，合理利用资金，便于单位进行经济活动分析。

建账要求：

（1）开设总账、库存现金日记账、银行存款日记账、原材料明细账、应收账款明细账、库存商品明细账和管理费用明细账等。

（2）根据实训给出的期初建账资料，填写建账日期和期初余额。如果无余额，只开设账户即可。

（3）粘贴口取纸，以便帮助我们快速找到所需的账户。

2. 日常经济业务的处理

（1）填制和审核原始凭证。

（2）按照每笔经济业务，逐笔裁剪相应的原始凭证，经过分析编制与审核记账凭证。

（3）根据已编制并审核的记账凭证逐笔登记库存现金及银行存款日记账。

（4）根据已编制并审核的记账凭证或原始凭证逐笔登记相关的明细分类账。

（5）在科目汇总表账务处理程序下，根据一定时期内的全部记账凭证，汇总编制成科目汇总表，再根据科目汇总表登记总分类账。

3. 结账与对账

（1）结账。结账是指按照规定将各种账簿记录定期结算清楚的账务工作。结账的目的是为了编制会计报表。结账工作包括所有总分类账、明细分类账和日记账等账户的结账。

（2）对账。对账就是对账簿记录进行核对的工作。对账的方法有账证核对、账账核对账实核对。

4. 编制会计报表

结账以后，就进入了最后一个步骤——编制会计报表。为了简化编制报表的工作，在正式编制报表前先做好本期发生额及期末余额试算平衡表。

（1）资产负债表（一式三份，交国税、地税各一份，自留一份）

本实训资料的资产负债表为年报，表内各项目的"期末余额"和"年初余额"均需要填写。"期末余额"需根据总分类账账户期末余额直接填列或分析计算填列；"年初余额"需根据表 2 中有关数据填列。

（2）利润表（一式三份，交国税、地税各一份，自留一份）

本实训资料的利润表为月报表，表内各项均需要填写"本期金额"和"上期金额"。"本期金额"是在本月数的基础上再加表 6 中"（1～11 月）本期金额"数据填列；"上期金额"数据取自表 6 中"上期金额"。

5. 整理装订会计资料

（1）会计凭证的整理、装订

各种记账凭证按顺序编号后，应及时登账。完毕后，将记账凭证分别按类别整理成册，妥善保管。

记账凭证在装订之前，必须检查凭证填写内容是否齐全，逐张逐页对所附原始凭证检查是否完整，原始凭证粘贴是否牢固、宽窄厚薄是否均匀以及折叠是否符合。各种记账凭证连同所附的原始凭证或原始凭证汇总表整理加工装订成册后，应加具凭证封面，注明单位名称、年度、月份和起讫日期、凭证种类、起讫号码，并由装订人在装订封面签名或盖章。

装订记账凭证一般采用"顶齐法"装订，即将记账凭证和所附原始凭证顶齐左上角后装订，这种装订方法翻阅方便，但原始单据容易散失。业可以采用"底齐法"装订，即以底边和左侧边为准进行装订。

（2）会计账簿的整理装订

会计账簿按类别顺序排列，完成所有内容的填写，再系上账绳，粘贴账簿封面。

（3）其他有关资料的装订

首先，应将属于公司内部、税务与银行等部门的资料装订在一起，视同已传递给有关部门；其次，将会计报表单独装订；最后，核算中填写完成的其他资料单独折叠存放，如各种试算平衡表等。

（三）实训计划

完成全部实训大约需要 30 学时，具体安排见表 1。

表 1   实训计划表

序号	实　训　内　容	课时分配
1	熟悉实训内容及要求	1
2	建立账簿	3
3	处理日常经济业务：包括编制记账凭证、登账	14
3	其中：处理 1～15 日经济业务	6
4	处理 16～29 日经济业务	8
5	期末会计工作	10
6	其中：对账和结账	2
7	试算平衡、编制试算平衡表	4
8	编制会计报表	4
9	凭证、账簿的整理、装订	2
课时合计		30

（四）实训要求

1. 对实训指导教师的要求

会计基本账务处理实训是培养和提高学生专业技能及加强学生动手能力的关键环节。为此，实训指导教师的作用至关重要。在实训过程中，实训指导教师应对每项实训内容做到有计划、有要求、有指导、有讲评，并做好实训成绩的记载。

2. 对实训学生的要求

学生在进行实训时，态度要端正，目的要明确，要以一名会计工作者的标准来约束自己参与整个实训过程。具体要求如下：

（1）熟悉模拟公司概况，掌握模拟公司内部会计核算制度的规定。

（2）严格按照要求使用专用记账凭证、各种账簿及会计报表。

（3）按照现行《企业会计准则》进行账务处理。操作前认真学习《会计基础工作规范》，严格按照有关规定填写会计凭证，包括会计凭证的编号、日期、内容摘要、会计科目、金额、所附原始凭证张数等有关项目，登记账簿时字迹要清晰，按照规定的程序和方法记账、结账，发现错账时用正确的方法改正，以确保实训操作的规范性。

（4）实训结束后，应将各种记账凭证连同所附的原始凭证或原始凭证汇总表按编号顺序折叠整齐，分订两册，并加具封面，注明单位名称、年度、月份和起讫日期，并由装订人签名或盖章。

（5）实训结束后，应将各种账簿按不同格式装订成册，将全部会计报表装订成册，并加具封面，注明单位名称、年度、月份。

（6）使用本套实训资料，可以使用金蝶软件或用友软件进行全部实训内容的上机操作。

（7）认真阅读实训资料，最好一个人独立完成，以便达到对企业会计核算程序来龙去脉的完整认识。

（8）每位参与实训的学生在实训结束时，应写出一份实训报告。可将自己在实训过程的每个环节以及实训体会予以归纳，进一步巩固基础会计的相关知识点，提高分析问题和解决问题的能力。

（五）实训考核

（1）为了使实训收到良好的效果，达到预期的目标，应建立一套科学的成绩考核办法。实训成绩的考核应贯穿于实训的全过程中，使之有效地促进学生实训操作的规范和实践技能的不断提高。

（2）在实训过程中，采用过程和结果考核相结合的方式，主要注重过程的考核。过程考核占实训成绩50%，主要考核学生平时的实训态度、独立完成程度、实训进度等；实训纪律（出勤）占实训成绩10%；学生对实训过程进行总结和评价，写出的实训报告占实训成绩20%；最终的完成情况和质量综合评价占20%。对在实训中认真、严谨、操作技能上有突出的表现的学生应给予鼓励。

（3）在实训完成后，可根据学生实训操作的态度、正确性、规范性、及时性、实训报告及实训记律评定综合成绩。

二、模拟公司资料

（一）基本情况

企业名称：四川希望果蔬饮品有限责任公司

注册地址：绵阳市高新区工业开发园18号

注册资金：3 800万元

经营范围：生产、销售绿色无公害果蔬饮品为主的果蔬饮料、饮用纯净水及其他软饮料。

主营产品：黄瓜爽、V能维生素饮料等十几种产品，有355ml、550 ml和1500ml三个包装规格。

纳税人登记号：510681749621556

法人代表：毕成刚

开户银行：农业银行绵阳市分行高新支行

银行账号：210101040005181

联系电话：（0816）2578899

（二）组织机构

1. 模拟公司组织机构图（图1）。

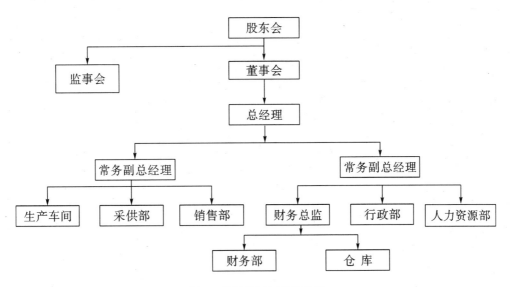

图1 模拟公司组织机构图

2. 会计岗位分工

（1）财务总监：陆涛，负责财务部全面工作，制订公司财务管理制度，审核公司财务成本计划执行情况。

（2）主管会计：林方，负责记账凭证的审核、登记总账、编制科目汇总表及各种试算平衡表、各种对外报送的会计报表以及各种会计信息的编制。

（3）会计：夏琳，审核各种原始凭证，负责材料、成本、销售、收入等业务的核算，编制记账凭证，登记各类明细账。

（4）出纳：罗晓芸，办理货币资金的收付业务，负责票据和有价证券保管工作，登记现金日记账、银行存款日记账。

（三）生产工艺流程

四川希望果蔬饮品有限责任公司纯净水生产工艺流程图（图2）。

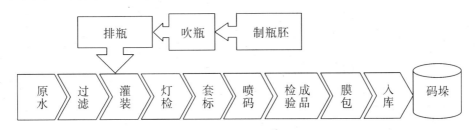

图2 生产工艺流程图

（四）会计工作组织与账务处理程序

1. 存货核算

（1）原材料、周转材料（包装物、低值易耗品）、库存商品采用实际成本进行核算。外购材料的采购费用按重量分配。领用材料的核算，平时在"原材料明细账"等相关明细账中登记，月末根据采用全月一次加权平均法计算编制的"发料凭证汇总表"将材料费用直接计入当期成本费用。

（2）完工入库产品平时应根据"产成品入库单"在"库存商品明细账"中进行数量核算，月末根据"产品生产成本计算单"的计算结果，一次结转完工入库产品的成本。

（3）销售出库的产品应平时根据"产成品出库单"在"库存商品明细账"中进行数量核算，月末根据采用全月一次加权平均法计算编制的"已销产品成本计算表"结转已销产品的销售成本（先计算月末结存产品的成本，倒挤已销产品的销售成本）。

2. 财产清查制度

该公司存货实行按季清查，采用永续盘存制，出现盘盈、盘亏按相关准则的规定处理。

3. 成本计算

（1）该公司设置"直接材料"、"直接人工"及"制造费用"三个成本项目。

（2）月末，制造费用按产品生产工人工资比例分配。

（3）该公司 355ml 黄瓜爽期初在产品 200 件，本月投产 6 800 件，全部完工；550mlV 能维生素饮料期初在产品 300 件，本月投产 6 700 件，全部完工。

4. 税费

（1）该公司为一般纳税人，增值税税率为 17%。

（2）该公司的工资核算制度为每月 20 日根据上月"工资结算汇总表"发放工资，月末根据上月工资数编制"工资分配汇总表"分配工资；按工资总额的 25% 计提企业负担的社会保险费（为了简化核算不再分为"五险一金"核算，职工个人负担的保险费在工资发放时代扣），按 2%、和 1.5% 分别计提工会经费和职工教育经费。该公司不计提职工福利费，发生福利费时直接计入当期费用。

（3）城市维护建设税按当月应缴增值税的 7% 计提。

（4）教育费附加按当月应缴增值税的 3% 计提。

（5）所得税税率 25%，不考虑其他税费的发生。

5. 其他

（1）采用"账结法"进行利润的核算，每月计算利润并预缴所得税。年终按全年实现净利润的 10% 提取法定盈余公积，并依据股东大会的决议以净利润的 40% 向投资人分配利润（按年初该企业投资比例分配）。

（2）分配率保留小数点后四位，尾差由最后一项负担。

（3）单位成本计算结果保留小数点后两位。

6. 账务处理程序

该公司采用科目汇总表账务处理程序，在 15 日、31 日分别编制科目汇总表，并登记总分类账。

三、期初建账资料和其他资料

（一）总分类账户资料（表2）

表2　　　　　　　　　　　　　　　　　总分类账户及余额　　　　　　　　　　　　　　　　单位：元

账户名称	年初余额		11 月 30 日余额	
	借方	贷方	借方余额	贷方余额
一、资产类				
库存现金	2 000.00		5 000.00	
银行存款	188 270.00		177 220.00	
应收票据	45 000.00		42 000.00	
			借	
应收账款	12 000.00		20 000.00	
其他应账款			3 000.00	
原材料	73 900.00		32 416.20	
周转材料	12 500.00		2 674.00	
库存商品	11 490.00		15 478.00	
固定资产	1 416 000.00		1 862 961.00	
累计折旧		549 600.00		616 158.00
无形资产			48 000.00	
二、负债类				
短期借款		100 000.00		150 000.00
应付账款		13 073.00		25 000.00
			贷	
应付职工薪酬		33 260.00		45 000.00
应付利息				750.00
应交税费		1 824.00		2 778.03
三、所有者权益				
实收资本		1 000 000.00		1 000 000.00
资本公积		68 803.03		144 133.20
盈余公积		35 300.00		35 300.00
本年利润				201 750.00
利润分配		1 969.97		1 969.97
四、成本类				
生产成本	42 670.00		14 090.00	
合计	1 803 830.00	1 803 830.00	2 222 839.20	2 222 839.20

（二）明细分类账户资料（表3、表4、表5）

表3　　　　　　　　　　　存货类明细分类账余额资料　　　　　　　　单位：元

一级科目	二级科目	三级科目				
		科目名称	计量单位	数量	单价	金额
原材料	原料及主要材料	白砂糖	公斤	320	3.24	1 036.80
		黄瓜浓缩汁	公斤	320	11.60	3 712.00
		红牛香精	公斤	230	89.75	20 642.50
		一水柠檬酸	公斤	110	5.59	614.90
		稳定剂	公斤	125	51.28	6 410.00
						32 416.20
周转材料	包装物	热灌装瓶胚	克	300	3.33	999.00
		黄瓜标签	张	2 580	0.03	77.40
		红牛标签	张	2 200	0.03	66.00
	低值易耗品	洗衣粉	包	28	54.70	1 531.60
						2 674.00
库存商品		黄瓜爽	件	300	25.78	7 734.00
		V能维生素饮料	件	400	19.36	7 744.00
						15 478.00

表4　　　　　　　　　　　生产成本明细账　　　　　　　　　　单位：元

成本项目 ╲ 产品名称	直接材料	直接人工	制造费用	合计
黄瓜爽	5 300.00	1 200.00	1 440.00	7 940.00
V能维生素饮料	3 800.00	800.00	1 550.00	6 150.00
合计	9 100.00	2 000.00	2 990.00	14 090.00

表 5 　　　　　　　　　　　　　　　**其他明细分类账余额资料**　　　　　　　　　单位：元

一级科目	二级科目	借方金额	贷方金额
应收票据	商业承兑汇票（北京机械厂）	42 000.00	
应收账款	成都若兰包装公司	20 000.00	
	绵阳茂源商贸公司	5 000.00	
其他应收款	钟明德	3 000.00	
固定资产	生产部门	1 584 561.00	
	管理部门	193 400.00	
	专设销售部门	85 000.00	
累计折旧			616 158.00
无形资产	专利权（摊销期 5 年，已摊 3 年）	48 000.00	
应付账款	绵阳市新华彩色印务公司		25 000.00
应付职工薪酬	社会保险费		45 000.00
应交税费	应交增值税		2 525.49
	应交城市维护建设税		176.78
	应交教育费附加		75.76
实收资本	绵阳市国有资产经营公司		600 000.00
	绵阳市兴达股份有限公司		400 000.00
盈余公积	法定盈余公积		23 600.00
	任意盈余公积		11 700.00
利润分配	未分配利润		1 969.97

（三）利润表（表6）

表6

利 润 表

编制单位：四川希望果蔬饮品有限责任公司 　　　　　　　　会企02表

2010 年 11 月 　　　　　　　　单位：元

项目	（1－11月）本期金额	（上年金额）上期金额
一、营业收入	3 504 000.00	3 950 500.00
减：营业成本	2 317 000.00	2 787 860.00
营业税金及附加	39 150.00	40 000.00
销售费用	504 352.00	63 720.00
管理费用	357 000.00	570 775.00
财务费用	3 500.00	5 775.00
资产减值损失		
加：公允价值变动收益（损失以"－"号填列）		
投资收益（损失以"－"号填列）		
其中：对联营企业和合营企业的投资收益		
二、营业利润（亏损以"－"号填列）	282 998.00	482 370.00
加：营业外收入	56 159.00	10 728.00
减：营业外支出	70 157.00	26 240.00
其中：非流动资产处置损失		
三、利润总额（亏损总额以"－"号填列）	269 000.00	466 858.00
减：所得税费用	67 250	46 163.29
四、净利益（净亏损以"－"号填列）	201 750.00	420 694.71
五、每股收益：		
（一）基本每股收益		
（二）稀释每股收益		

四、实训指导

本模拟实训公司为制造业企业，与从事商品购销的流通企业不同，制造业企业的主要经济活动十分全面，学习制造业企业的经济活动特点和会计核算方法，对于全面理解和掌握会计学基础的基本原理和基本技能十分有益。按资金运动过程可以将制造业企业的主要经济业务划分为以下几部分实训：

（一）筹资业务实训

筹集资金是企业生产经营的首要环节。筹资业务主要包括投资者投入资本和向银行等金融机构借入资金，两者是企业从外部取得资金两个主要渠道。

1. 投资者投入资本

投资者对企业的投资，可以是货币，也可以是看得见摸得着的实物，如原材料、或汽车、机器设备、厂房等固定资产，也可以是无形资产，如土地使用权、专利技术等。

会计核算要点：筹资业务的核算一方面要反映相关资产的增加，另一方面要反映所有者权益的增加。要分析应涉及的相关账户，明确资产增加记借方，所有者权益增加记贷方。

2. 借入资金的核算

企业为了开展经营活动，仅凭投资者投入的资金往往是不够的，为了解决资金不足的问题，还会向银行或者其他金融机构借入资金。因此，借入资金也是企业筹集资金的一个重要手段。但借入资金与投入资金有着本质上的不同：借的钱必须要偿还，还要支付利息，在没偿还之前就形成了企业的一项负债。

按照银行给我们设定的信用期限长短分为短期借款和长期借款，短期借款是企业借入的期限在1年（含1年）以下的各种借款，长期借款核算企业向银行或其他金融机构借入的期限在1年以上（不含1年）的各项借款。

会计核算要点：借入资金的核算一方面反映资产的增加，另一方面反映负债的增加。要分析应涉及的相关账户，明确资产增加记借方，负债增加记贷方。

本实训所涉及的筹资业务有：业务2、业务10、业务25、业务36。

（二）供应过程业务实训

供应过程是生产的准备阶段，是指企业的货币资金转变为生产储备资金的过程。没有供应过程，企业的生产到销售过程就无从谈起，俗话说"巧妇难为无米之炊"。在供应过程中，企业一方面要根据供应计划和合同的规定，及时采购材料物资并验收入库，才能保证生产的需要；同时，也要与供应单位进行货款的结算。由于货款结算方式存在不同，因而会计处理也有差异。

1. 支付货款与验收材料同时完成（钱货两清）

会计核算要点：这种钱货两清业务的核算反映了企业资产内部的一增一减，一方面原材料等资产类账户的价值增加，另一方面企业货币资金的数额则减少。要分析应涉及的相关账户，明确资产增加记借方，减少记贷方。

2. 先支付货款后验收材料

（1）对方的销货发票等单证先到，据以支付了货款而材料物资后到。

会计核算要点：这类业务的核算也反映了企业资产内部的一增一减，由于材料物资后到而产生了在途物资。一方面在途物资等资产类账户的价值增加，另一方面企业货币资金的数额则减少。要分析应涉及的相关账户，明确资产增加记借方，减少记贷方。

（2）预付货款采购材料物资

在对方交付货物和发票之前就预付货款，对方收到款项后再按合同规定的时间交付货物和发票。

会计核算要点：这类业务的核算同样反映了企业资产内部的一增一减，一方面预付账款等资产类账户的价值增加，另一方面企业货币资金的数额则减少。要分析应涉及的相关账户，明确资产增加记借方，减少记贷方。

3. 先验收材料后支付货款的情况

会计核算要点：一方面原材料等资产类账户的价值增加，另一方面企业产生了负债（应付账款或应付票据）。要分析应涉及的相关账户，明确资产增加记借方，负债增加记贷方。

本实训所涉及供应过程业务有：业务 3、业务 6、业务 16、业务 19、业务 23。

（三）生产过程业务实训

生产过程是指工业企业从材料投入生产开始到产成品完工验收入库止的产品生产过程。

1. 发生材料费用

将消耗的材料按照"谁受益，谁承担"的分配原则及不同用途进行归类和记录。

（1）生产产品直接耗用的，直接计入各种产品的成本。

（2）生产车间一般消耗性领用的，计入"制造费用"账户。

（3）企业管理部门领用的，计入"管理费用"账户。

（4）销售部门领用的，计入"销售费用"账户。

会计核算要点：一方面成本费用的金额增加，另一方面由于原材料的领用而导致资产减少，要分析应涉及的相关账户，明确成本费用类账户增加记借方，原材料等资产类账户减少记贷方。

2. 发生人工费用

（1）向职工发放工资

会计核算要点：一方面企业应付职工薪酬的金额减少，另一方面由于工资的发放而导致货币资金的减少，要分析应涉及的相关账户，明确负债类账户减少记借方，货币资金减少记贷方。

（2）是将工资分配计入成本、费用

①生产工人的工资，直接计入产品成本。

②生产车间管理人员的工资，计入"制造费用"账户。

③企业行政管理部门人员的工资，计入"管理费用"账户。

④销售部门人员的工资，记入"销售费用"账户。

会计核算要点：一方面成本费用的金额增加，另一方面企业应付职工薪酬的金额也增加。要分析应涉及的相关账户，明确成本费用类账户增加记借方，负债类账户减少记贷方。

3. 固定资产折旧

（1）生产用固定资产的折旧费计入"制造费用"。

（2）管理用固定资产的折旧费计入"管理费用"。

（3）销售机构专用固定资产的折旧费计入"销售费用"。

会计核算要点：计提固定资产折旧，一方面是折旧费用的增加，计入费用类账户的借方；另一方面表现为固定资产价值的减少，固定资产价值的减少，计入其备抵账户"累计折旧"的贷方。要分析应涉及的相关账户，明确费用类账户增加记借方，累计折旧增加记贷方（与资产类账户结构正好相反，类似于负债类账户）。

4. 其他制造费用发生

其他制造费用发生，如支付水电费、发生其他办公费。同样根据"谁受益，谁承担"进行分配。

会计核算要点：一方面成本费用的金额增加，另一方面货币资金的金额减少。要分析应涉及的相关账户，明确成本费用类账户增加记借方，资产类账户减少记贷方。

5. 月末制造费用分配的核算

会计核算要点：平时发生的各项制造费用通过"制造费用"账户借方汇集以后，月末时分配计入各种生产产品成本。一方面各种生产产品成本增加，另一方面制造费用减少，明确成本类账户增加记借方，减少记贷方。

6. 完工产品成本的结转

会计核算要点：本月完工产品成本应从"生产成本"账户结转到"库存商品"账户。一方面库存商品的金额增加，另一方面生产成本的金额减少，明确资产类账户增加记借方，成本费用类账户减少记贷方。

本实训所涉及生产过程业务有：业务43、业务44、业务47、业务49、业务50。

（四）销售过程业务实训

销售过程是工业企业生产经营过程的最后阶段。销售过程指企业从成品仓库发出商品开始，到收回销货款为止的过程。

1. 确认商品销售收入及收回销货款

（1）收到货款

会计核算要点：这类经济业务一方面由于销货款的收回导致了企业的货币资金增加，另一方面由于产品的出售，使得企业的主营业务收入增加。要分析应涉及的相关账户，明确资产类账户增加记借方，损益类收入账户增加记贷方。

（2）没有收到货款

会计核算要点：一方面款项都没有收到，形成了我们这个企业的债权，"应收账款"金额增加，另一方面由于产品的出售，使得企业的主营业务收入增加。要分析应涉及的相关账户，明确资产类账户增加记借方，损益类收入账户增加记贷方。

（3）预先收款的情况

会计核算要点：购货方预先支付企业货款，一方面使企业的货币资金增加，另一方面收到对方的预付货款时，货并未发出，形成了对购货单位的一项负债，将在以后的某一日期发出产品对这项负债进行清偿，属于负债类账户的增加。要分析应涉及的相关账户，明确资产类账户增加记借方，负债类账户增加记贷方。

2. 计算和结转产品销售成本

会计核算要点：产品销售成本是由库存商品成本转化而来的。结转产品销售成本，就是将已经销售产品的成本从"库存商品"账户转入"主营业务成本"账户。明确资产类账户增加记借方，成本类账户减少记贷方。

3. 支付销售费用

销售费用指企业为销售产品而发生的费用，主要包括本单位负担的产品运杂费、广告费、展销展览费、专设销售机构经费等。

会计核算要点：一方面使企业的销售费用增加，另一方面由于费用的支付而导致货币资金的减少。要分析应涉及的相关账户，明确费用类账户增加记借方，资产类账户减少记贷方。

4. 销售税金及附加费用

企业实现了销售就必须向国家依法交纳税金及附加费用。在会计学基础中制造业企业的销售税金主要是城市维护建设税，附加费用主要是教育费附加。

会计核算要点：企业因缴纳销售税金及附加费形成了一项费用，一方面费用增加，另一方面应交而未交的税费款项也增加了，形成了企业负债。要分析应涉及的相关账户，明确费用类账户增加记借方，资产类账户减少记贷方。

本实训所涉及销售过程业务有：业务8、业务9、业务18、业务31、业务51。

（五）财务成果的形成与分配实训

经过供应、生产、销售三个环节，企业已完成了一个生产经营过程，而这个经营过程的结果究竟如何，是盈利还是亏损，这是企业投资者最关心的问题。

1. 利润形成

会计核算要点：指期末将构成利润总额的各损益账户结转前的余额分别结转到"本年利润"账户，以集中反映本年的经营成果，该账户贷方登记期末转入的各项损益类收入账户的数额。如："主营业务收入"、"其他业务收入"、"营业外收入"等账户转入的利润增加项目的金额；该账户借方登记期末登记期末转入的各项损益类费用账户的数额。如"主营业务成本"、"其他业务成本"、"营业税金及附加"、"管理费用"、"财务费用"、"销售费用"、"营业外支出"、"所得税费用"等账户转入的利润减少项目的金额。

2. 利润分配

利润分配是指企业将实现的净利润按照规定的程序和办法（在有关方面）所进行的分配。利润分配的内容包括：企业按规定提取盈余公积留存企业和向投资者分配等。

（1）提取盈余公积

会计核算要点：一方面使当年实现的利润进行了分配，应记入"利润分配"账户的借方，另一方面使利润转化为盈余公积，应记入"盈余公积"账户的贷方。

（2）向投资者分配利润

会计核算要点：这项业务一方面使利润已经进行分配，应记入"利润分配"账户借方，另一方面分配给投资者的利润只是计算出来，还没有支付，形成一项负债，应记入"应付股利"账户贷方。

（3）年终结转相关账户

会计核算要点：在年末利润分配结束后，需要对本年利润和利润分配有关明细账进行结账，结转后，除"利润分配—未分配利润"账户外，本年利润、利润分配有关明细账期末无余额。

本实训所涉及财务成果的形成与分配业务有：业务 52、业务 53、业务 54。

（六）货币资金划转业务实训

企业内部因为生产管理的需要，经常会对内部资金的分布作出调整，本次实训中涉及了较为简单的提现、取现业务。

会计核算要点：货币资金中"库存现金"和"银行存款"账户的互相转化，属于资产内部项目的一增一减。

本实训所涉及货币资金划转业务有：业务 1。

（七）其他业务实训

1. 因公借款

会计核算要点：一方面职工预先借支差旅费，此时费用并未实际发生，因而不能作为费用处理。这笔款项借出以后是要收回的（收回相关的票据或收回现金冲账），而这项应收回的款项不是企业的交易而产生的，应记入"其他应收款"。另一方面企业借出款项，导致库存现金减少。要分析应涉及的相关账户，明确资产类账户增加记借方，减少记贷方。

2. 报销费用

（1）差旅费报销

会计核算要点：一方面报销差旅费增加了相关费用，另一方面由于费用报销，原借出的款项被抵减。要分析应涉及的相关账户，明确费用类账户增加记借方，资产类账户减少记贷方。

（2）支付业务招待费、办公费等凭正式专用发票，经相关领导签批后予以报销。

会计核算要点：一方面报销业务招待费、办公费等增加了相关费用，另一方面由于费用报销，企业的货币资金减少。要分析应涉及的相关账户，明确费用类账户增加记借方，资产类账户减少记贷方。

本实训所涉及其他费用部分实训业务有：业务 13、业务 20、业务 27、业务 32、业务 38、业务 42。

五、2010 年 12 月 1 日至 2010 年 12 月 31 日发生的经济业务

（一）业务描述

1. 12 月 1 日，出纳从银行提取现金 6 000 元备用（$1\frac{1}{2}$、$1\frac{2}{2}$）。

2. 12 月 2 日，取得 200 000 元半年期流动资金借款，存入银行存款户（$2\frac{1}{1}$）。

3. 12 月 3 日，从四川中糖物流有限公司购入白砂糖 500 公斤，货税款 1 895.4 元，开出转账支票支付，白砂糖已如数验收入库（$3\frac{1}{6}$、$3\frac{2}{6}$、$3\frac{3}{6}$、$3\frac{4}{6}$、$3\frac{5}{6}$、$3\frac{6}{6}$）。

173

4. 12月4日，采供部李丹预借差旅费 3 000 元，经批准付给现金（4 $\frac{1}{1}$）。

5. 12月5日，生产车间生产黄瓜爽领用白砂糖 170 公斤、生产 V 能维生素饮料领用材料白砂糖 100 公斤，生产车间一般耗用白砂糖 80 公斤（5 $\frac{1}{4}$、5 $\frac{2}{4}$、5 $\frac{3}{4}$）。

6. 12月6日，用银行存款支付前欠绵阳市新华彩色印务公司货款 25 000 元（6 $\frac{1}{3}$、6 $\frac{2}{3}$、6 $\frac{3}{3}$）。

7. 12月6日，生产车间完工黄瓜爽（1×335×24）1 800 件，V 能维生素饮料（1×550×20）1 000 件，验收入库（7 $\frac{1}{1}$）。

8. 12月7日，销售给绵阳市四方商贸公司 355 ml 黄瓜爽 800 件（1×355×24）单价 36.75 元/件，共计 34 398 元，款已收存银行（8 $\frac{1}{3}$、8 $\frac{2}{3}$、8 $\frac{3}{3}$）。

9. 12月7日，收到银行转来的收账通知，成都若兰包装公司偿还前欠货款 20 000 元（9 $\frac{1}{1}$）。

10. 12月7日，经公司董事会研究同意接受绵阳市兴达股份有限公司投入资本 400 000 元，款已存入银行（10 $\frac{1}{2}$、10 $\frac{2}{2}$）。

11. 12月8日，缴纳上月增值税 2 525.49，城建税 176.78 元，教育费附加 75.76 元（11 $\frac{1}{4}$、11 $\frac{2}{4}$、11 $\frac{3}{4}$、11 $\frac{4}{4}$）。

12. 12月8日，经公司董事会研究同意采供部购买重庆长安汽车一辆 50 000 元。货款已通过银行支付，并交付采购部使用（12 $\frac{1}{4}$、12 $\frac{2}{4}$、12 $\frac{3}{4}$、12 $\frac{4}{4}$）。

13. 12月9日，以现金 1 220 元购买办公用品，行政部直接领用（13 $\frac{1}{1}$）。

14. 12月10日，公司持有北京机械厂签发的商业汇票到期，现收到银行转来的收账通知，货款 42 000 元（14 $\frac{1}{1}$）。

15. 12月10日，以现金支付行政部职工张力生活困难补助 1 800 元（15 $\frac{1}{2}$、15 $\frac{2}{2}$）。

16. 12月11日，从西昌市澳丰食品公司购入黄瓜浓缩汁 100 公斤、红牛香精 200 公斤和一水柠檬酸 80 公斤，已付款（货税款及运费）但未收料（16 $\frac{1}{6}$、16 $\frac{2}{6}$、16 $\frac{3}{6}$、16 $\frac{4}{6}$、16 $\frac{5}{6}$、16 $\frac{6}{6}$）。

17. 12月11日，生产车间生产黄瓜爽领用黄瓜浓缩汁 100 公斤，专设销售部门领用黄瓜浓缩汁 10 公斤（17 $\frac{1}{2}$、17 $\frac{2}{2}$）。

18. 12 月 11 日，销售给成都食品批发城 V 能维生素饮料（1 × 550 × 20）1 200 件，黄瓜爽（1 × 355 × 24）1 000 件，销售产品已办理委托收款（18 $\frac{1}{3}$、18 $\frac{2}{3}$、18 $\frac{3}{3}$）。

19. 12 月 12 日，按合同约定，预付四川宜宾普什集团热灌装瓶胚货款 19 220 元（19 $\frac{1}{3}$、19 $\frac{2}{3}$、19 $\frac{3}{3}$）。

20. 12 月 12 日，用现金直接支付行政部业务招待费（20 $\frac{1}{1}$）。

21. 12 月 13 日，生产车间生产 V 能维生素饮料领用红牛香精 215 公斤、一水柠檬酸 85 公斤、领用稳定剂 8 公斤，生产黄瓜爽领用稳定剂 12 公斤（21 $\frac{1}{2}$、21 $\frac{2}{2}$）。

22. 12 月 13 日，从绵阳开鑫商贸公司购入洗衣粉 30 包（54.7 元/包），以现金支付货款，并验收入库（22 $\frac{1}{3}$、22 $\frac{2}{3}$、22 $\frac{3}{3}$）。

23. 12 月 14 日，11 日从西昌市澳丰食品公司购入黄瓜浓缩汁、红牛香精和一水柠檬酸，经检验合格入库（23 $\frac{1}{1}$）。

24. 12 月 14 日，生产车间完工黄瓜爽 5 200 件（1 × 355 × 24）、V 能维生素饮料（1 × 550 × 20）6 000 件，验收入库（24 $\frac{1}{1}$）。

25. 12 月 15 日，财务部从绵阳胜峰科技有限公司购买财务软件一套价值 32 000 元，开出支票支付价款（25 $\frac{1}{5}$、25 $\frac{2}{5}$、25 $\frac{3}{5}$、25 $\frac{4}{5}$、25 $\frac{5}{5}$）。

26. 12 月 15 日，经公司董事会研究同意接受重庆市星海电子股份有限公司捐赠的星海笔记本电脑两台，价值 18 000 元（26 $\frac{1}{2}$、26 $\frac{2}{2}$）。

27. 12 月 16 日，开出支票支付绵阳有线电视台广告费 12 000 元（27 $\frac{1}{4}$、27 $\frac{2}{4}$、27 $\frac{3}{4}$、27 $\frac{4}{4}$）。

28. 12 月 17 日，销售给绵阳市昕合商贸部 2 800 件 V 能维生素饮料（1 × 550 × 20），收现金并存入银行 81 637.92 元（28 $\frac{1}{3}$、28 $\frac{2}{3}$、28 $\frac{3}{3}$）。

29. 12 月 18 日，收到四川宜宾普什集团发来的热灌装瓶胚 5 000 克，货款 12 月 12 日已预付（29 $\frac{1}{5}$、29 $\frac{2}{5}$、29 $\frac{3}{5}$、29 $\frac{4}{5}$、29 $\frac{5}{5}$）。

30. 12 月 19 日，生产车间生产黄瓜爽领用包装物热灌装瓶胚 2 650 克、黄瓜标签 1 040 张，生产 V 能维生素饮料领用热灌装瓶胚 1 400 克、红牛标签 1 180 张，销售部门领用洗衣粉 17 包，车间一般耗用洗衣粉 16 包（30 $\frac{1}{4}$、30 $\frac{2}{4}$、30 $\frac{3}{4}$、30 $\frac{4}{4}$）。

31. 12 月 19 日，销售给雅安正大商城 355 ml，黄瓜爽 5 000 件（1 × 355 × 24），销

售产品已办理托收承付手续，款未收（31 $\frac{1}{3}$、31 $\frac{2}{3}$、31 $\frac{3}{3}$）。

32. 12 月 20 日，以现金支付本月电话费 1 000 元（32 $\frac{1}{1}$）。（提示：管理部门负担 60%，生产车间负担 40%）

33. 12 月 20 日，开出现金支票提现 152 440 元，准备发放工资（33 $\frac{1}{2}$、33 $\frac{2}{2}$）。

34. 12 月 20 日，发放上月工资，并调整代扣款项（34 $\frac{1}{1}$）。

35. 12 月 21 日，收到银行活期存款利息收入 249.51 元（35 $\frac{1}{1}$）。

36. 12 月 22 日，支付上月借款利息 750 元（36 $\frac{1}{2}$、36 $\frac{2}{2}$）。

37. 12 月 23 日，在财产清查中仓库发现盘亏白砂糖 50 公斤，确认原因系水灾所致，已报董事会审批（37 $\frac{1}{1}$）。

38. 12 月 24 日，采供部钟明德报销上月差旅费，退现 300 元（38 $\frac{1}{2}$、38 $\frac{2}{2}$）。

39. 12 月 25 日，支付汇兑手续费 10.5 元（39 $\frac{1}{1}$）。

40. 12 月 27 日，收到银行转来的收账通知，成都食品批发城 12 月 11 日购买产品所欠货款，现已转入本公司账户（40 $\frac{1}{1}$）。

41. 12 月 28 日，市保险公司已同意陪偿水灾所致白砂糖的部分损失 100 元，款项尚未收到，根据董事会审批意见，剩余损失转作营业外支出（41 $\frac{1}{1}$）。

42. 12 月 29 日，开出支票支付专设销售部业务费 8 700 元（42 $\frac{1}{4}$、42 $\frac{2}{4}$、42 $\frac{3}{4}$、42 $\frac{4}{4}$）。

43. 12 月 30，开出支票支付本月绵阳市电业局电费 94 519.62 元（43 $\frac{1}{6}$、43 $\frac{2}{6}$、43 $\frac{3}{6}$、43 $\frac{4}{6}$、43 $\frac{5}{6}$、43 $\frac{6}{6}$）。（提示：电费单价每度为 0.4 元）

44. 12 月 30 日，编制本月"发料凭证汇总表"，结转原材料成本（44 $\frac{1}{1}$）。（提示："发料凭证汇总表"中的单位成本是采用全月一次加权平均计算的）

45. 12 月 30 日，提取本月固定资产折旧（45 $\frac{1}{1}$）。（提示：固定资产月综合折旧率为 0.5%）

46. 12 月 30 日，计算城建税和教育费附加（46 $\frac{1}{1}$）。

47. 12 月 30 日，分配本月工资（47 $\frac{1}{1}$）。

48. 12 月 30 日，计提工会经费和职工教育经费（48 $\frac{1}{1}$）。

49. 12 月 31 日，分配结转制造费用（49 $\frac{1}{1}$）。

50. 12 月 31 日，计算并结转本月完工产品成本（50 $\frac{1}{2}$、50 $\frac{2}{2}$）。

51. 12 月 31 日，分配结转本月已销产品成本（51 $\frac{1}{2}$、52 $\frac{1}{2}$）。

52. 12 月 31 日，结转损益类账户，计算本月实现的利润（52 $\frac{1}{1}$）。

53. 12 月 31 日，计算并结转应交纳的所得税（53 $\frac{1}{1}$）。

54. 12 月 31 日，分配净利润。经董事会研究同意，按全年实现净利润的 10% 提取法定盈余公积，按可供投资者分配利润的 40% 向投资人分配现金股利（54 $\frac{1}{1}$）。

55. 12 月 31 日，结转"利润分配"各明细账户。

（二）原始凭证

1 $\frac{1}{2}$

四川希望果蔬饮品有限责任公司
现金支票领用审批表

2010 年 12 月 1 日　　　　　　　　　　附件：　张

领用部门	财务部	领用人	罗晓芸	①定额　②限额　∨③汇款	③主管副总	甘云峰
预支金额	人民币　零佰零拾零万陆仟零佰零拾零圆零角零分					
对方单位全称	四川希望果蔬饮品有限责任公司	开户行	农行高新支行	账号	210101040005181	

事由：备用

①部门经理	林方	②财务总监	陆涛	④总经理审批董事会或总经理审批	同意 毕成刚

注：此表不作为记账凭证附件。

$1\dfrac{2}{2}$

中国农业银行
现金支票存根（川）
$\dfrac{CB}{02}$ 11531701

科　　目＿＿＿＿＿＿＿＿＿＿＿＿＿＿

对方科目＿＿＿＿＿＿＿＿＿＿＿＿＿＿

出票日期　2010 年 12 月 1 日

收款人：四川希望果蔬饮品有限责任公司

金额：6 000.00 元

用途：备用

备注：

单位主管　林方　会计　夏琳

$2\dfrac{1}{1}$

贷款凭证（3）（收账通知）
2010 年 12 月 2 日

贷款单位	四川希望果蔬饮品有限责任公司	种类	短期	贷款户账号	农行绵阳市分行高新支行 210101040005181								
					千	百	十	万	千	百	十	元	角	分
金　额　人民币（大写）贰拾万圆整						¥	2	0	0	0	0	0	0	0
用　途 流动资产周转借款		单位申请期限		自 2010 年 6 月 2 日起至 2010 年 12 月 2 日									
		银行核定期限		自 2010 年 6 月 2 日起至 2010 年 12 月 2 日									

上述贷款已核准发放，并已划入你单位账号。
利率 5.04%
2010 年 12 月 2 日
银行签章

货款，

单位会计分录
收入
付出
复核　　　记账
主管　　　会计

中国农业银行绵阳市分行高新支行 2010.12.02 转讫

$3\dfrac{1}{6}$

四川希望果蔬饮品有限责任公司
转账支票领用审批表

2010 年 12 月 3 日

附件 3 张

领用部门	采供部	领用人	陈为	①定额　②限额　③汇款√	③主管副总	张清
预支金额	人民币 零佰零拾零万壹仟捌佰玖拾伍圆肆角零分					
对方单位全称	四川中糖物流有限公司	开户行	市商业银行临江支行	账号	007020014020059	
事由：付货款				④ 总经理或董事会审批	同意　毕成刚	
①部门经理	祝力	②财务总监	陆涛			

会计：夏琳

出纳：罗晓芸

$3\dfrac{2}{6}$

中国农业银行
现金支票存根（川）

$\dfrac{CB}{02}$ 12531150

科　　目＿＿＿＿＿＿＿＿＿＿＿＿

对方科目＿＿＿＿＿＿＿＿＿＿＿＿

出票日期　2010 年 12 月 3 日

收款人：四川中糖物流有限公司	
金额：1 895.40 元	
用途：付货款	
备注：	

单位主管　林方　　会计　夏琳

农业银行进账单（回单）　1

2010 年 12 月 3 日　　　　　　第　121　号

<table>
<tr><td rowspan="3">出票人</td><td>全　　称</td><td colspan="2">四川希望果蔬饮品有限责任公司</td><td rowspan="3">收款人</td><td>全　　称</td><td colspan="10">四川中糖物流有限公司</td></tr>
<tr><td>账　　号</td><td colspan="2">210101040005181</td><td>账　　号</td><td colspan="10">007020014020059</td></tr>
<tr><td>开户银行</td><td colspan="2">农行绵阳市分行高新支行</td><td>开户银行</td><td colspan="10">市商业银行临江支行</td></tr>
<tr><td rowspan="1">人民币
（大写）</td><td colspan="3">壹仟捌佰玖拾伍圆肆角整</td><td>千</td><td>百</td><td>十</td><td>万</td><td>千</td><td>百</td><td>十</td><td>元</td><td>角</td><td>分</td></tr>
<tr><td></td><td></td><td></td><td></td><td></td><td></td><td></td><td></td><td>¥</td><td>1</td><td>8</td><td>9</td><td>5</td><td>4</td><td>0</td></tr>
<tr><td>票据种类</td><td>支票</td><td>票据张数</td><td>1</td><td colspan="11" rowspan="4">中国农业银行绵阳市
分行高新支行
2010.12.3
办讫章

（收款人开户行盖章）</td></tr>
<tr><td>票据号码</td><td colspan="3">12531150</td></tr>
<tr><td colspan="4" rowspan="2">备注：</td></tr>
<tr></tr>
</table>

$3\dfrac{4}{6}$

5100041140　　　　　　　　四川增值税专用发票　　　　　No 10203190

发票联

开票日期：2010 年 12 月 3 日

<table>
<tr><td rowspan="4">购货单位</td><td colspan="4">名　　称：四川希望果蔬饮品有限责任公司</td><td rowspan="4">密码区</td><td colspan="3">016542 −4 −275〈1 +46 ∗54 ∗</td></tr>
<tr><td colspan="4">纳税人识别号：510681749621556</td><td colspan="3">781301 > <8102 ∗59 ∗09012　加密版本：01</td></tr>
<tr><td colspan="4">地址 、电话：绵阳市高新区工业开发园 18 号</td><td colspan="3">〈4〈3 ∗2182 −9〉9 ∗ −163　5100041140</td></tr>
<tr><td colspan="4">开户行及账号：农业银行绵阳市分行高新支行
210101040005181</td><td colspan="3">∗01/4〉∗〉〉2 −5 ∗0/9/〉　10203190</td></tr>
<tr><td>货物或应税劳务名称</td><td>规格型号</td><td>单位</td><td>数量</td><td>单价</td><td>金额</td><td>税率</td><td>税额</td></tr>
<tr><td>白砂糖</td><td></td><td>公斤</td><td>500</td><td>3.24</td><td>1 620.00</td><td>17%</td><td>275.40</td></tr>
<tr><td colspan="5">合计</td><td>¥1 620.00</td><td>17%</td><td>¥275.40</td></tr>
<tr><td colspan="2">价税合计（大写）</td><td colspan="4">⊗ 壹仟捌佰玖拾伍圆肆角整</td><td colspan="2">（小写）　¥1 895.40</td></tr>
<tr><td rowspan="4">销货单位</td><td colspan="4">名　　称：四川中糖物流有限公司</td><td rowspan="4">备注</td><td colspan="2" rowspan="4">四川中糖物流有限公司
510602833688767
发票专用章</td></tr>
<tr><td colspan="4">纳税人识别号：510602833688767</td></tr>
<tr><td colspan="4">地址 、电话：绵阳市长虹大道中段 77 号
2301377</td></tr>
<tr><td colspan="4">开户行及账号：市商业银行临江支行
07020014020059</td></tr>
</table>

收款人：　　　　复核：　　　　　开票人：祝昂　　　　销货单位：（章）

$3\frac{5}{6}$

5100041140

四川增值税专用发票

No 10203190

开票日期：2010 年 12 月 3 日

购货单位	名 称：四川希望果蔬饮品有限责任公司 纳税人识别号：510681749621556 地 址 、电 话：绵阳市高新区工业开发园 18 号 开户行及账号：农业银行绵阳市分行高新支行 210101040005181	密码区	016542 −4 −275⟨1 +46 ∗54 ∗ 781301 > <8102 ∗59 ∗09012 加密版本:01 ⟨4⟨3 ∗2182 −9⟩9 ∗ −163 5100041140 ∗01/4⟩ ∗ ⟩⟩2 −5 ∗0/9/⟩ 10203190

货物或应税劳务名称	规格型号	单位	数量	单价	金额	税率	税额
白砂糖		公斤	500	3.24	1 620.00	17%	275.40
合计					￥1 620.00	17%	￥275.40

价税合计（大写）	⊗ 壹仟捌佰玖拾伍圆肆角整	（小写）￥1 895.40

销货单位	名 称：四川中糖物流有限公司 纳税人识别号：510602833688767 地 址 、电 话：绵阳市长虹大道中段 77 号 2301377 开户行及账号：市商业银行临江支行 07020014020059	备注	

收款人：　　　　复核：　　　　开票：祝昂　　　　销货单位：（章）

第二联：抵扣联 购货方扣税凭证

$3\frac{6}{6}$

四川希望果蔬饮品有限责任公司
收 料 单

材料科目：原材料

材料类别：原料及主要材料

供应单位：四川中糖物流有限公司

发票号码：10203190　　　　2010 年 12 月 3 日　　　　收料仓库：材料仓库

5812017

材料名称	规格	计量单位	数量		实际成本					
			应收	实收	买价		运杂费	其他	合计	单位成本
					单价	金额				
白砂糖		公斤	500	500	3.24	1 620.00			1 620.00	
合 计			500	500		1 620.00			1 620.00	

记账：陈建国　　　　收料：文春贵　　　　制单：王强

第三联 记账联

四川希望果蔬饮品有限责任公司
借 款 单

2010 年 12 月 4 日

部 门	采供部		姓 名	李 丹	借款用途	出差
借款金额	人民币（大写）　　叁仟圆整　（￥3 000.00）					
实报金额		节余金额		现金付讫	审核意见	同意陆涛
		超支金额				
备注					结账日期　　年　月　日	

财务主管　**林方**　　　　出纳　**罗晓芸**　　借款人签章：李丹

四川希望果蔬饮品有限责任公司
领 料 单

材料科目：原材料

领料车间（部门）：基本生产车间　　　　　　　材料类别：原料及主要材料

用途：　生产黄瓜爽　　　2010 年 12 月 5 日　　　　　编号：112106

工作令号	材料编号	材料名称	规格	计量单位	数　量		实际成本	
					请领	实发	单位成本	金额
08HGX-1		白砂糖		kg	170	170		
	合计			kg	170	170		
备注		生产黄瓜爽						

记账：**陈建国**　　发料：**王春贵**　　领料部门：生产车间　　领料人：吴琼

第三联　记账联

$5\dfrac{2}{3}$

四川希望果蔬饮品有限责任公司
领　料　单

材料科目：原材料

领料车间（部门）：基本生产车间　　　　　　　　　　　材料类别：原料及主要材料

用途：　生产车间一般耗用　　　　　　2010 年 12 月 5 日　　　　　　编号：112107

工作令号	材料编号	材料名称	规格	计量单位	数量		实际成本	
					请领	实发	单位成本	金额
		白砂糖		kg	80	80		
合计				kg	80	80		
备注		生产车间一般耗用						

记账：**陈建国**　　　发料：**王春贵**　　　领料部门：生产车间　　　　领料人：陈华

第三联　记账联

$5\dfrac{3}{3}$

四川希望果蔬饮品有限责任公司
领　料　单

材料科目：原材料

领料车间（部门）：基本生产车间　　　　　　　　　　　材料类别：原料及主要材料

用途：　生产 V 能维生素饮料　　　　2010 年 12 月 5 日　　　　　　编号：112109

工作令号	材料编号	材料名称	规格	计量单位	数量		实际成本	
					请领	实发	单位成本	金额
08HGX – 1		白砂糖		kg	100	100		
合计				kg	100	100		
备注		V 能维生素饮料						

记账：**陈建国**　　　发料：**王春贵**　　　领料部门：生产车间　　　　领料人：吴琼

第三联　记账联

$6\dfrac{1}{3}$

四川希望果蔬饮品有限责任公司
转账支票领用审批表

2010 年 12 月 6 日　　　　　　　　　　　附件：　张

领用部门	采购部	领用人	祝力	①定额　②限额　③汇款√	③主管副总	张清
预支金额	人民币 零佰零拾贰万伍仟零佰零拾零圆零角零分					
对方单位全称	绵阳市新华彩色印务公司	开户行	农行绵阳市分行高新支行	账号　200201030002553		
事由：支付货款				④		
①部门经理	祝力	②财务总监	陆涛	总经理审 或 董事会批	同意　毕成刚	

会计：夏琳　　　　　　　　　　　　　　出纳：罗晓芸

注：此表不作为记账凭证附件。

$6\dfrac{2}{3}$

中国农业银行
转账支票存根（川）

$\dfrac{CB}{02}$ 12531160

科　目＿＿＿＿＿＿＿＿＿＿＿＿＿

对方科目＿＿＿＿＿＿＿＿＿＿＿＿＿

出票日期　2010 年 12 月 6 日

收款人：绵阳市新华彩色印务公司

金额：25 000.00 元

用途：付货款

备注：

单位主管　林方　　会计　夏琳

$6\frac{3}{3}$

农业银行进账单（回单）　1

2010 年 12 月 6 日　　　　　　　　　　第　122　号

出票人	全　称	四川希望果蔬饮品有限责任公司	收款人	全　称	绵阳市新华彩色印务公司
	账　号	210101040005181		账　号	200201030002553
	开户银行	农行绵阳市分行高新支行		开户银行	农行绵阳市分行高新支行

人民币（大写）	贰万伍仟圆整	千	百	十	万	千	百	十	元	角	分
				¥	2	5	0	0	0	0	0

票据种类	支票	票据张数	1
票据号码		12531160	
备注：			

中国农业银行绵阳市分行高新支行
2010.12.06
转讫

（收款人开户行盖章）

此联是出票人开户银行交给出票人的回单

185

$7\frac{1}{1}$

四川希望果蔬饮品有限责任公司
产成品入库单

9001233

交库单位：　生产车间　　　　　2010 年 12 月 6 日　　　　　　仓库：成品库

工作令号	产品名称	规格	计量单位	交库数量	备注
08HGX－1	黄瓜爽	1×335×24	件	1 800	
08VNY－1	V 能维生素饮料	1×550×20	件	1 000	
合计				2 800	

车间负责人：尚天　　　　　　仓库管理员：李义财　　　　　制单：王红

第三联　记账联

5100040040 四川增值税专用发票 № 00202101

此联不作报销 和抵扣凭证 使用 　开票日期：2010 年 12 月 7 日

购货单位	名　　称：绵阳市四方商贸公司 纳税人识别号：510081395230778 地址、电话：绵阳市浆华街 27 号 开户行及账号：工行临江支行 40580013254	密码区	272＊12－4#275〈1 085371〉〈8002＊59＊ 〈1〈3＊2842－9〉2＊ ＊01/3〉＊＊〉6－2＊0	加密版本:01 5100040040 00202101

货物或应税劳务名称	规格型号	单位	数量	单价	金额	税率	税额
黄瓜爽	(1＊355＊24)	件	800	36.75	29 400.00	17%	4 998.00
合计					￥29 400.00	17%	￥4 998.00

价税合计（大写）	⊗ 叁万肆仟叁佰玖拾捌圆整	（小写）￥34 398.00

销货单位	名　　称：四川希望果蔬饮品有限责任公司 纳税人识别号：510681749621556 地址 、电话：绵阳市高新区工业开发园 18 号 开户行及账号：农行绵阳市分行高新支行 210101040005181	备注

收款人：　　　　复核：　　　　开票人：张景　　　　销货单位：（章）

第三联：记账联　销货方记账凭证

会计学基础实训与指导

农业银行进账单（收账通知）　3

2010 年 12 月 7 日　　　　　　第 89 号

出票人	全　称	绵阳市四方商贸公司	收款人	全　称	四川希望果蔬饮品有限责任公司
	账　号	40580013254		账　号	210101040005181
	开户银行	工行临江支行		开户银行	农行绵阳市分行高新支行

人民币（大写）	叁万肆仟叁佰玖拾捌圆整	千	百	十	万	千	百	十	元	角	分
				￥	3	4	3	9	8	0	0

票据种类	支票	票据张数	1
票据号码	1564613		
备注			

中国农业银行绵阳市分行高新支行
2010.12.07
转讫
（收款人开户行盖章）

此联是收款人开户银行交给收款人的收账通知

$8\dfrac{3}{3}$

四川希望果蔬饮品有限责任公司

产成品出库通知单

4021021

2010 年 12 月 7 日

编号	名称	规格	单位	应发数量	实发数量	单位成本	实际成本								附注
							十万	千	百	十	元	角	分	
	355ml 黄瓜爽		件	800	800									

第三联 记账联

会计：**夏琳**　　　　保管：**李义财**　　　　　　制单：王红

$9\dfrac{1}{1}$

中国人民银行 　支付系统专用凭证

NO:000000378351

报文种类：CMT100	交易种类：HVPS 贷记	支付交易序号：4613
发起行行号：10236	汇款人开户行：10465	委托日期：2010.11.5

发起行名称：工行高新支行
汇款人账号：4402239009006503245
汇款人名称：成都若兰包装公司
汇款人地址：成都市永丰路 12 号
接收行行号：20369
收款人账号：210101040005181　收款人开户行行号：3216
收款人名称：四川希望果蔬饮品有限责任公司
收款人地址：绵阳市高新区工业开发园 18 号

货币符号、金额：RMB 20 000.00

附言：货款

流水号：110068001309　　　打印时间：2010 - 12 - 7 10;08;37　　　业务编号：CM73010504260032
　　　　　　　　　　　　　　　　　　　　　　　　　　　　　　　　　　　　　入账账号：210101040005181

中国农业银行绵阳市
分行高新支行
收报日期：2010.12.7
转讫

第二联：作客户通知单　　　　　　　　会计　　　　复核　　　　记账

投资协议书

第一条 本合同的各方为：

四川希望果蔬饮品有限责任公司（以下简称甲方）
法定地址：中国四川省绵阳市高新区工业园
法人代表：毕成刚 职务：董事长 中国国籍

绵阳市兴达股份有限责任公司（以下简称乙方）
法定地址：中国四川省绵阳市长虹大道 58 号
法人代表：周源 职务：董事长 中国国籍

第二条 乙方向甲方投资 400 000 元，投资后占甲方实收资本的 10 %，投资方式为货币资金。投资款自签订合同后 10 日内以转账方式支队，并同时办理股权认定手续。
………
………

第八条 协议共八条，自签订之日起生效。

四川希望果蔬饮品有限责任公司
（甲方）

（盖章）

法人代表：毕成刚
2010 年 12 月 7 日

绵阳市兴达股份有限责任公司
（乙方）

（盖章）

法人代表：周源
2010 年 12 月 7 日

注：此表不作为记账凭证附件。

农业银行进账单（收账通知）　3

2010 年 12 月 7 日　　　　　第 90 号

出票人	全　称	绵阳市兴达股份有限责任公司	收款人	全　称	四川希望果蔬饮品有限责任公司
	账　号	007020026020186		账　号	210101040005181
	开户银行	绵阳市商业银行滨江支行		开户银行	农行绵阳市分行高新支行

人民币（大写）	肆拾万圆整	千	百	十	万	千	百	十	元	角	分
			¥	4	0	0	0	0	0	0	0

票据种类	支票	票据张数	1	
票据号码		1253115		绵阳市商业银行滨江支行 2010.12.07 转讫
备注：				（收款人开户行盖章）

此联是收款人开户银行交给收款人的收账通知

$11\dfrac{1}{4}$

中 华 人 民 共 和 国　　　　　　　国
税 收 通 用 缴 款 书

隶属关系　　　　　　　　　　　　　　　　　　（20101）川国缴 0785237 号

注册类型：有限责任公司　　　填发日期：2010 年 12 月 8 日　　　征收机关：高新区国税局

缴款单位（人）	代　码	510681749621556	预算科目	编　码	10101013
	全　称	四川希望果蔬饮品有限责任公司		名　称	有限责任制企业增值税
	开户银行	农业银行绵阳市分行高新支行		级　次	中央 75% 地方 25%
	账　号	210101040005181	收款国库		绵阳市高新区支库

| 税款所属时间 2010 年 11 月 1 日　2010 年 11 月 31 日 | | 税款限缴时间 2010 年 12 月 14 日 | |

品　目名　称	课　税数　量	计税金额或销售收入	税率或单位税额	已缴或扣除额	实缴金额
饮料		370 579.88	17%	60 473.09	2 525.49

中国农业银行绵阳市
分行高新营业所
2010.12.08
转讫

| 金额合计 | （大写）贰仟伍佰贰拾伍圆肆角玖分 |

| 缴款单位（人）（章）
经办　财务专用章 | 税务机关（章）
1号
征税专用章 | 上列款项已收妥并划转收款单位账户
填票人　　国库（银行）盖章　　年　月　日 | 备注：
0510785237 一般
申报征税高新区
国税局计划征
收处 |

逾期不缴按税法规定加收滞纳金

第一联（收据）国库（银行）收款盖章后退缴款单位（人）作完税凭证

189

中华人民共和国
税收通用缴款书

地

隶属关系 　　　　　　　　　　　　　　　　　　　（2010 壹）川地涂缴 0100412 号

注册类型：有限责任公司　　　填发日期：2010 年 12 月 8 日　　　征收机关：高新区国税局

缴款单位（人）	代　　码	510681749621556	预算科目	编　　码	101060109
	全　　称	四川希望果蔬饮品有限责任公司		名　　称	企业城市维护建设税
	开户银行	农业银行绵阳市分行高新支行		级　　次	市级 40%，区级 60%
	账　　号	210101040005181		收款国库	绵阳市高新区支库

税款所属时间 2010 年 11 月 1 日　2010 年 11 月 31 日　　　税款限缴时间 2010 年 12 月 14 日

品　目名　称	课　税数　量	计税金额或销售收入	税率或单位税额	已缴或扣除额	实缴金额
城市维护建设税教育费附加（增值税）		2 525.49	7%3%		176.78 75.76

（印章：中国农业银行绵阳市分行高新支行转讫 2010.12.08）

金额合计	（大写）壹佰柒拾陆圆柒角捌分

缴款单位（人）（盖章）经办人（章）	税务机关（盖章）填票人	上列款项已收妥并划转收款单位账户国库（银行）盖章　　年　月　日	备注：企业申报高新一分局五科

（印章：四川希望果蔬饮品有限责任公司 财务专用章）

（印章：绵阳市高新区地方税务局 1号 征税专用章）

逾期不缴按税法规定加收滞纳金

$11\dfrac{3}{4}$

绵阳市电子缴税回单

清算日期：2010 年 12 月 8 日

付款人名称：四川希望果蔬饮品有限责任公司

付款人账号：210101040005181

付款人开户银行：农业银行绵阳市分行高新支行

收款人名称：绵阳市高新区国家税务局

收款人账号：210374010400005

收款人开户银行：国家金库绵阳市高新区支库

款项内容：代扣国（地）税款

大写金额：人民币贰仟伍佰贰拾伍元肆角玖分

小写金额：￥2 525.49

电子税票号：2100707162058110

纳税人编码：510681749621556

纳税人名称：四川希望果蔬饮品有限责任公司

税种名称：	所属期：	纳税人金额：
增值税	20101101 – 20101131	￥2 525.49
打印日期：2010 – 12 – 08	打印次数 1	复核：何羽 经办：罗勤

回单联

$11\dfrac{4}{4}$

绵阳市电子缴税回单

清算日期：2010 年 12 月 8 日

付款人名称：四川希望果蔬饮品有限责任公司

付款人账号：210101040005181

付款人开户银行：农业银行绵阳市分行高新支行

收款人名称：绵阳市高新区地方税务局

收款人账号：210374010400005

收款人开户银行：国家金库绵阳市高新区支库

款项内容：代扣国（地）税款

大写金额：人民币贰佰伍拾贰元伍角肆分

小写金额：￥252.54

电子税票号：2101275910701267

纳税人编码：510681749621556

纳税人名称：四川希望果蔬饮品有限责任公司

税种名称：	所属期：	纳税人金额：
城市维护建设税	20101101 – 20101131	￥176.78
教育费附加	20101101 – 20101131	￥75.76
打印日期：2010 – 12 – 08	打印次数 1	复核：李阳 经办：肖晓

回单联

$12\frac{1}{4}$

四川希望果蔬饮品有限责任公司
转账审批表

2010 年 12 月 8 日

附件 2 张

领用部门	采供部	领用人		祝力		①定额 ②限额 ③汇款√	③主管副总	张清
预支金额	人民币 零佰零拾伍万零仟零佰零拾零圆零角零分							
对方单位全称	重庆长安汽车有限公司	开户行	农行新华支行		账号	891201040020998		
事由：购机动车						④		
①部门经理	祝力	②财务总监	陆涛			总经理审或董事会批	同意 毕成刚	

会计：夏琳   出纳：罗晓芸

注：此表不作为记账凭证附件。

$12\frac{2}{4}$

机动车销售统一发票

2010 年 12 月 8 日

购货单位(人)	四川希望果蔬饮品有限责任公司		身份证号码/组织机构代码			749621556		
车辆类型	货车	厂牌型号	长安			产地	重庆	
合格证号	1646694	进口证明书号				商检单号		
发动机号码	BCC095145		车架号码/车辆识别代码			LSVFB49J2422022953		
数量	1	单价	50 000.00 元/辆			合同单号		
价外费用	名称	费			费			费
	金额							
价费合计金额	(大写)伍万圆整					50 000.00		
销售单位名称	重庆长安汽车有限公司		地址	重庆市新华路 23 号		电话	023 - 63630662	
纳税人识别号	520112795191364		开户银行	农行新华支行		账号	891201040020998	
备注			审核单位(盖章)	重庆长安汽车有限公司 财务专用章				

销售单位名称   开票人：张平   收款人：李静

$12\dfrac{3}{4}$

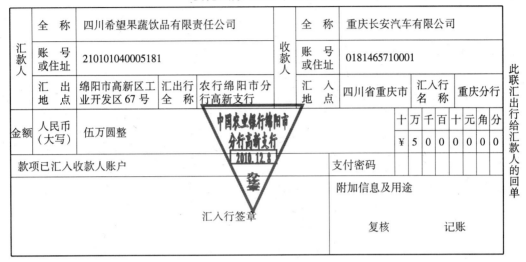

中国农业银行电汇凭证（回单）

委托日期：2010 年 12 月 8 日

1

汇款人	全　称	四川希望果蔬饮品有限责任公司			收款人	全　称	重庆长安汽车有限公司						
	账　号或住址	210101040005181				账　号或住址	0181465710001						
	汇出地点	绵阳市高新区工业开发区 67 号	汇出行全称	农行绵阳市分行高新支行		汇入地点	四川省重庆市	汇入行名称	重庆分行				

金额	人民币（大写）	伍万圆整		十万	千	百	十	元	角	分
				¥	5	0	0	0	0	0 0

款项已汇入收款人账户　　　　　　　　支付密码

汇入行签章

附加信息及用途

复核　　　　　　记账

此联汇出行给汇款人的回单

193

$12\dfrac{4}{4}$

四川希望果蔬饮品有限责任公司
固定资产移交使用验收单

2010 年 12 月 8 日

名称	规格型号	单位	数量	设备价款	预计使用年限	使用部门
长安汽车		辆	1	50 000.00	5	采供部
合计			1	50 000.00		
备注	购入					

单位主管：　　　　记账：李德　　　　使用部门负责人：祝力　　　　制单：周敏

四川省绵阳市商业零售统一发票

发票代码：261001024013

发票号码：00063983

购货单位：四川希望果蔬饮品有限责任公司

2010 年 12 月 9 日填制

摘要	单位	数量	单价	金额							
				十万	千	百	十	元	角	分
打印纸	箱	5	150.00			7	5	0	0	0
墨盒	盒	2	210.00			4	2	0	0	0
签字笔	支	50	1.00				5	0	0	0
合计人民币（大写）壹仟贰佰贰拾圆整					¥	1	2	2	0	0	0
备注：	行政部直接领用									

现金付讫

发票联

收款单位（财务公章）　　会计：　　　　收款人：刘荣　　　　经手人：刘融

NO:000000428350

中国人民银行　支付系统专用凭证

C.N.A.P.S 专用

报文种类：CMT100　　　　交易种类：HVPS 贷记　　　　支付交易序号：4613

发起行行号：10126　　　　汇款人开户行：10465　　　　委托日期：2010. 11. 10

发起行名称：北京市工行宣武支行

汇款人账号：717 – 8634208898

汇款人名称：北京机械厂

汇款人地址：北京市宣武区梨园路 135 号

接收行行号：10146

收款人账号：210101040005181　收款人：中国农业银行绵阳市

收报日期：2010. 12. 10

收款人名称：四川希望果蔬饮品有限责任公司　行高新支行

收款人地址：绵阳市高新区工业开发园 18 号

2010.12.10 转讫

货币符号、金额：RMB 42 000.00

附言：支付到期的商业汇票款 42 000.00 元

流水号：110068001309　　　打印时间：2010 – 12 – 10 11:08:37　　　业务编号：CM73010504260032

入账账号：40586123768

第二联：作客户通知单　　　　会计　　　　复核　　　　记账

$15\dfrac{1}{2}$

关于发放职工生活困难补助的通知

财务科：

　　根据工会小组意见，经公司委员会研究，决定给张力生活困难补助，人民币壹仟捌佰元整（1 800.00 元），请你科按规定发放。

四川希望果蔬饮品有限责任公司人力资源部

2010－12－10 人力资源部

$15\dfrac{2}{2}$

职工困难补助申请表（代现金支付凭证）

2010 年 12 月

申 请 人	张力	所在部门	行政部
申请金额	1 800.00 元	平均生活费	1 000.00 元
申请理由	生活困难补助		
工会小组意见	同意	公司工会 批示	同意	人民币 （大写：壹仟捌佰元整） 签收：张力

$16\dfrac{1}{6}$

四川希望果蔬饮品有限责任公司
转账审批表

2010 年 12 月 11 日　　　　　　　　　　　　　附件 5 张

领用部门	采供部	领用人	祝力	①定额　②限额　③汇款√	③主管副总	张清
预支金额	人民币 零佰零拾贰万肆仟零佰陆拾叁圆贰角零分					
对方单位全称	西昌市澳丰食品公司	开户行	高新区农行营业部	账号	200201030002553	
事由：购材料				④总经理或董事会审批	同意　毕成刚	
①部门经理	祝力	②财务总监	陆涛			

会计：夏琳　　　　　　　　　　　　　　　　出纳：罗晓芸

注：此表不作为记账凭证附件。

5100041140

四川增值税专用发票

发票联

№ 10202343

开票日期：2010 年 12 月 11 日

购货单位	名　　称：四川希望果蔬饮品有限责任公司 纳税人识别号：510681749621556 地址、电话：绵阳市高新区工业开发园 18 号 　　　　　　2578899 开户行及账号：农业银行绵阳市分行高新支行 　　　　　　210101040005181	密码区	016542 -4 -275〈1 +46 *54 * 781301〉〈8102 *59 *09012 〈4〈3 *2182 -9〉9 * -163〈/0 *01/4〉* *〉〉2 -5 *0/9/〉〉17	加密版本：01 5100041140 10202343

货物或应税劳务名称	规格型号	单位	数量	单价	金额	税率	税额
黄瓜浓缩汁		公斤	100	11.60	1 160.00	17%	197.2
红牛香精		公斤	200	89.75	17 950.00	17%	3 051.5
一水柠檬酸		公斤	80	5.39	431.20	17%	73.304
合计					￥19 541.20	17%	￥3 322.00

价税合计（大写）	⊗ 贰万贰仟捌佰陆拾叁圆贰角整	（小写）　￥22 863.20

销货单位	名　　称：西昌市澳丰食品公司 纳税人识别号：510542833681067 地址、电话：西昌市商业街 88 号 　　　　　　0834（6757723） 开户行及账号：高新区农行营业部 　　　　　　200201030002553	备注	

收款人：　　　　复核：　　　　开票人：李瑞　　　　销货单位：（章）

第一联：发票联　购货方记账凭证

$16\dfrac{3}{6}$

5100041140　　　　　　　四川增值税专用发票　　　　№ 10202343

抵扣联

开票日期：2010 年 12 月 11 日

购货单位	名　　　称：四川希望果蔬饮品有限责任公司 纳税人识别号：510681749621556 地 址 、电 话：绵阳市高新区工业开发园 18 号　2578899 开户行及账号：农业银行绵阳市分行高新支行　210101040005181	密码区	016542 -4 -275⟨1 +46 ∗ 54 ∗ 781301⟩⟨8102 ∗ 59 ∗ 09012　加密版本 :01 ⟨4⟨3 ∗ 2182 −9⟩9 ∗ − 163⟨∕0　5100041140 ∗ 01∕4⟩ ∗ ⟩⟩2 −5 ∗ 0∕9∕⟩⟩17　10202343

货物或应税劳务名称	规格型号	单位	数量	单价	金额	税率	税额
黄瓜浓缩汁		公斤	100	11.60	1 160.00	17%	197.2
红牛香精		公斤	200	89.75	17 950.00	17%	3 051.5
一水柠檬酸		公斤	80	5.39	431.20	17%	73.304
合计					￥19 541.20	17%	￥3 322.00

价税合计（大写）	⊗ 贰万贰仟捌佰陆拾叁圆贰角整　　　（小写）￥22 863.20

销货单位	名　　　称：西昌市澳丰食品公司 纳税人识别号：510542833681067 地 址 、电 话：西昌市商业街 88 号　0834（6757723） 开户行及账号：高新区农行营业部　200201030002553	备注	

收款人：　　　　　复核：　　　　　开票人：李瑞　　　　　销货单位：（章）

第二联：抵扣联　购货方扣税凭证

公路、内河货物运输业统一发票

发票联

发票代码 251000710001

发票号码 00088239

开票日期：2010 – 12 – 11

打机代码	251000710001	税控码	010409467647 > 5 > 488532655 > < 1 > 02/02/88 +/25 + > < *26357 + 9539 *2 > 2 > 1/2 *81026 + 73 > 4116478/37 + 1 > 8 + + 0 + 28 + 3 < < 53203 + 2/2 > 2195 > < *62 */2 < 546 < 80111/ + > 2 *65684 +/84
机打号码	00088239		
机器编号	889000134374		

收货人及纳税人识别号	四川希望果蔬饮品有限责任公司 510681749621556	承运人及纳税人识别号	广元顶通公司西昌分公司 540111745273161
发货人及纳税人识别号	西昌市澳丰食品公司 510542833681067	主管税务机关及代码	西昌市地方税务局直属征收分局征收处 25301911121

运动项目及金额	货物名称	数量	运价	里程	金额	其他项目及金额	项目	金额	备注
	浓缩汁	0.00	0.00	0.00	1 200.00				
	香精								

运费小计	¥ 1 200.00	其他费用小计	¥ 0.00
合计（大写）	壹仟贰佰圆整	（小写） ¥ 1 200.00	

承运人盖章

开票人　施伟

第一联　发票联　付款方记账凭证（手写无效）

$16\dfrac{5}{6}$

公路、内河货物运输业统一发票

抵　扣　联

发票代码 251000710001

发票号码 00088239

开票日期：2010 - 12 - 11

打机代码	251000710001	税控码	010409467647 > 5 > 488532655 > < 1 > 02/02/88 + /25 + >
机打号码	00088239		< * 26357 + 9539 * 2 > 1/2 * 81026 + 73 > 4116478/37
机器编号	889000134374		+ 1 > 8 + + 0 + 28 + 3 < < 53203 + 2/2 > 2195 > < * 62 */2 < 546 < 80111/ + > 2 * 65684 + /84

收货人及纳税人识别号	四川希望果蔬饮品有限责任公司 510681749621556	承运人及纳税人识别号	广元顶通公司西昌分公司 540111745273161
发货人及纳税人识别号	西昌市澳丰食品公司 510542833681067	主管税务机关及代码	西昌市地方税务局直属征收分局征收处 25301911121

运动项目及金额	货物名称	数量	运价	里程	金额	其他项目及金额	项目	金额	备注
	浓缩汁	0.00	0.00	0.00	1 200.00				
	香精								

运费小计	￥1 200.00	其他费用小计	￥0.00
合计（大写）	壹仟贰佰圆整	（小写）　￥1 200.00	

承运人盖章

开票人　施伟

中国农业银行电汇凭证（回单）

委托日期：2010 年 12 月 11 日

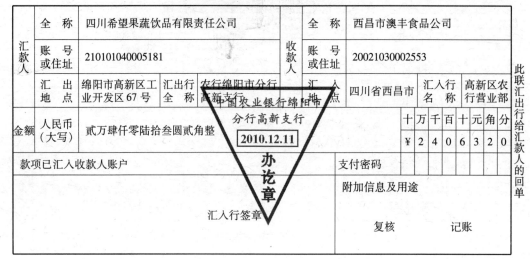

汇款人	全　　称	四川希望果蔬饮品有限责任公司			收款人	全　　称	西昌市澳丰食品公司			
	账　　号或住址	210101040005181				账　　号或住址	20021030002553			
	汇出地点	绵阳市高新区工业开发区67号	汇出行全称	农行绵阳市分行高新支行		汇入地点	四川省西昌市	汇入行名称	高新区农行营业部	

金额	人民币（大写）	贰万肆仟零陆拾叁圆贰角整	十万	千	百	十	元	角	分
			¥ 2	4	0	6	3	2	0

款项已汇入收款人账户　　　　　　　　　　　　　　支付密码

办讫章　　中国农业银行绵阳市分行高新支行　2010.12.11

汇入行签章

附加信息及用途

复核　　　　　记账

此联汇出行给汇款人的回单

---

17 $\frac{1}{2}$

四川希望果蔬饮品有限责任公司
领　料　单

材料科目：原材料

领料车间（部门）：基本生产车间　　　　　　　　　　材料类别：原料及主要材料

用途：　生产黄瓜爽　　　　　2010 年 12 月 11 日　　　　　编号：112110

工作令号	材料编号	材料名称	规格	计量单位	数量 请领	数量 实发	实际成本 单位成本	实际成本 金额
08HGX－1		黄瓜浓缩汁		kg	100	100		
合计				kg	100	100		
备注		生产黄瓜爽						

记账：　陈建国　　　发料：　王春贵　　　领料部门：生产车间　　　领料人：吴琼

第三联　记账联

$17\dfrac{2}{2}$

四川希望果蔬饮品有限责任公司
领 料 单

材料科目：原材料

领料车间（部门）：销售部　　　　　　　　　　　　材料类别：原料及主要材料

用途：销售部门用　　　　　2010 年 12 月 11 日　　　　　编号：112111

工作令号	材料编号	材料名称	规格	计量单位	数 量		实际成本	
					请领	实发	单位成本	金额
08HGX－1		黄瓜浓缩汁		kg	100	100		
合计				kg	10	10		
备注		销售部门领用						

记账：陈建国　　　　发料：王春贵　　　　领料部门：销售部　　　　领料人：李锦

第三联　记账联

$18\dfrac{1}{3}$

5100040040　　　　№ 00202102

四川增值税专用发票

此联不作报销、扣税凭证使用　　　开票日期：2010 年 12 月 11 日

购货单位	名　　　称：成都食品批发城					密码区	272＊12－4#275〈1＋67＊54＊085371〉〈8002＊59＊0〈1〈3＊2842－9〉2＊＋453＊01/3〉＊〉〉6－2＊0/9	加密版本:01 5100040040 00202102
	纳税人识别号：510080395230885							
	地址 、电话：成都食品批发城 1－3－4							
	开户行及账号：招行小天支行 1083808710001							
货物或应税劳务名称	规格型号	单位	数量	单价	金额		税率	税额
V 能维生素饮料	1×550×20	件	1 200	25.64	30 768.00		17%	5 230.56
黄瓜爽	1×355×24	件	1 000	36.75	36 750.00		17%	6 247.50
合计					¥67 518.00		17%	¥11 478.06
价税合计（大写）	⊗ 柒万捌仟玖佰玖拾陆圆零角陆分				（小写）¥78 996.06			
销货单位	名　　　称：四川希望果蔬饮品有限责任公司					备注		
	纳税人识别号：510681749621556							
	地址 、电话：绵阳市高新区工业开发园 18 号							
	开户行及账号：农行绵阳市分行高新支行 210101040005181							

收款人：　　　复核：　　　开票人：张景　　　销货单位：（章）

第三联：记账联　销货方记账凭证

四川希望果蔬饮品有限责任公司

产成品出库通知单   4021022

2010 年 12 月 11 日

编号	名称	规格	单位	应发数量	实发数量	单位成本	实际成本								附注
							十万	千	百	十	元	角	分	
1	355ml 黄瓜爽	1×355×24	件	1 000	1 000									
2	V能维生素饮料	1×550×20	件	1 200	1 200									

会计：夏琳   保管：张春贵   制单：刘红艳

第三联 记账联

202

托收凭证（受理回单） 5

委托日期 2010 年 12 月 11 日

业务类型		委托收款（□邮划 □电划）		托收承付（□邮划 □电划）											
付款人	全 称	成都食品批发城	收款人	全 称	四川希望果蔬饮品有限责任公司										
	账号或地址	1083808710001		账 号	210101040005181										
	开户银行	招行小天支行		开户银行	农行绵阳市分行高新支行										
托收金额	人民币（大写）	柒万捌仟玖佰玖拾陆圆零陆分				千	百	十	万	千	百	十	元	角	分
								¥7	8	9	9	6	0	6
款项内容	销货款	托收凭据名称		委托收款		附寄单证		贰张							
商品发运情况		已发运		合同名称号码		绵合字（2010）7375 号									

备注：（中国农业银行绵阳市分行高新支行 2010.12.11 办讫章） 款项收妥日期

复核   记账   年 月 日   年 月 日

此联收款人开户银行给收款人的受理回单

$19\dfrac{1}{3}$

四川希望果蔬饮品有限责任公司
转账审批表

2010 年 12 月 12 日　　　　　　　　　　　　　　附件　2　张

领用部门	采供部	领用人	祝力	①定额　②限额　③汇款√	③主管副总	张清
预支金额	人民币 零佰零拾壹万玖仟贰佰贰拾零圆零角零分					
对方单位全称	四川宜宾普什集团公司	开户行	工行宜宾支行	账号	510156440008769	

事由：预付货款		④		
①部门经理	祝力	②财务总监	陆涛	总经理审或董事会批　　同意　毕成刚

会计：夏琳　　　　　　　　　　　　　　　　　　　　出纳：罗晓芸

$19\dfrac{2}{3}$

商品购销合同

合同号：2010 – 28

甲方（购货方）：四川希望果蔬饮品有限责任公司

乙方（销货方）：四川宜宾普什集团公司

本着平等互利原则，经双方协商，共同订立以下合同：

一、双方必须有合法的营业执照，乙方所提供商品必须有合法商标，根据不同商品分别提供生产经营许可证、注册商标证、产品合格品、进口商品检验证等。

二、甲方向乙方订购以下商品：

商品名称	规格型号	计量单位	数量	单价	金额
热灌装瓶胚		克	5 000	3.2	16 000.00

三、到货时间和地点：15 天内发货，货物由购货方自提。

四、货款结算：满 50 000 克可享受九折优惠。

五、合同一式贰份，双方签章后生效。如违约须赔偿对方损失，按价款的 20% 赔偿，不可抗力除外。本合同在履行过程中，若发生纠纷和异议，双方协商解决。

甲方：四川希望果蔬饮品有限责任公司　　　　乙方：四川宜宾普什集团公司

法人代表：毕成刚　　　　　　　　　　　　　法人代表：赵普

账号：农业银行绵阳市分行高新支行　　　　　账号：工商银行宜宾市顺江支行

210101040005181　　　　　　　　　　　　　4402231009022320212

电话：(0816) 2578899　　　　　　　　　　　电话：(0717) 6223455

地址：绵阳市高新区工业开发园 18 号　　　　地址：宜宾市顺江路 18 号

签约日期　　　　　　　　　　　　　　　　　签约日期

2010 年 12 月 11 日　　　　　　　　　　　　2010 年 12 月 11 日

中国农业银行电汇凭证（回单）

委托日期：2010 年 12 月 11 日

汇款人	全　称	四川希望果蔬饮品有限责任公司			收款人	全　称	四川宜宾普什集团公司			
	账　号或住址	210101040005181				账　号或住址	510156440008769			
	汇出地点	绵阳市高新区工业开发区67号	汇出行全称	农行绵阳市分行高新支行		汇入地点	四川省宜宾市	汇入行名称	工商宜宾支行	

金额	人民币（大写）	壹万玖仟贰佰贰拾圆整	十万	千	百	十	元	角	分
			¥1	9	2	2	0	0	0

款项已汇入收款人账户

中国农业银行绵阳市分行高新支行
2010.12.11
办讫章

汇入行签章

支付密码

附加信息及用途

复核　　　　记账

---

20 $\frac{1}{1}$

四川希望果蔬饮品有限责任公司
费 用 报 销 单

报销日期：2010 年 12 月 12 日　　　　　　　附件3张（略）

费用项目	类别	金额	部门负责人（签章）	阳娟
公司经费	业务招待费	570.00		
			审查意见	同意报销。陆涛
			报销人	张昕
报销金额合计		¥570.00		
核实金额（大写）：人民币伍佰柒拾圆整				
借款数	应退数		应补金额：570.00	

现金付讫

审核　夏琳　　　　　　　　　出纳　杨晓芸

$21\dfrac{1}{2}$

四川希望果蔬饮品有限责任公司
领　料　单

材料科目：原材料

领料车间（部门）：基本生产车间　　　　　　　　　　　材料类别：原料及主要材料

用途：　产品生产　　　　　　　2010 年 12 月 13 日　　　　　　编号：112111

工作令号	材料编号	材料名称	规格	计量单位	数　量		实际成本	
					请领	实发	单位成本	金额
06VNY – 1		红牛香精		kg	215	215		
06VNY – 1		一水柠檬酸		kg	85	85		
06VNY – 1 06HGX – 1		稳定剂		kg	8	8		
合计					308	308		
备注		生产 V 能维生素饮料耗用						

记账：【陈建国】　　　　发料：【王春贵】　　　　领料部门：基本车间　　　　领料人：王强

$21\dfrac{2}{2}$

四川希望果蔬饮品有限责任公司
领　料　单

材料科目：原材料

领料车间（部门）：基本生产车间　　　　　　　　　　　材料类别：原料及主要材料

用途：　生产黄瓜爽　　　　　　2010 年 12 月 13 日　　　　　　编号：112113

工作令号	材料编号	材料名称	规格	计量单位	数　量		实际成本	
					请领	实发	单位成本	金额
06HGX – 1		稳定剂		kg	12	12		
合计					12	12		
备注		黄瓜爽耗用						

记账：【陈建国】　　　　发料：【王春贵】　　　　领料部门：生产车间　　　　领料人：王强

第三联　记账联

$22\dfrac{1}{2}$

5100041008

四川增值税专用发票
发票联

№ 20010198

开票日期：2010 年 12 月 13 日

购货单位	名　　　称：四川希望果蔬饮品有限责任公司 纳税人识别号：510681749621556 地 址 、电 话：绵阳市高新区工业开发园 18 号 　　　　　　　2578899 开户行及账号：农业银行绵阳市分行高新支行 　　　　　　　210101040005181	密码区	016542 −4 −275〈1 +46 ∗54 ∗ 781301〉〈8102 ∗59 ∗09012　　加密版本:01 〈4〈3 ∗2182 −9〉9 ∗ −163〈/0　5100041008 ∗01/4〉∗〉〉2 −5 ∗0/9/〉〉17　20010198

货物或应税劳务名称	规格型号	单位	数量	单价	金额	税率	税额
洗衣粉		包	30	54.70	1 641.00	17%	278.97
合计					￥1 641.00	17%	￥278.97

价税合计（大写）	⊗ 壹仟陆佰肆拾壹元整	（小写）￥1 641.00

销货单位	名　　　称：绵阳市开鑫商贸公司 纳税人识别号：510542855685565 地 址 、电 话：绵阳市东风路 38 号 　　　　　　　0834 （4221553） 开户行及账号：中国银行绵阳市分行东风支行 　　　　　　　665201031114887	备注	

收款人：　　　　　复核：　　　　　开票人：李军　　　　　销货单位：（章）

第一联：发票联 购货方记账凭证

$22\dfrac{2}{2}$

5100041008

四川增值税专用发票
抵扣联

№ 20010198

开票日期：2010 年 12 月 13 日

购货单位	名　　　称：四川希望果蔬饮品有限责任公司 纳税人识别号：510681749621556 地 址 、电 话：绵阳市高新区工业开发园 18 号 　　　　　　　2578899 开户行及账号：农业银行绵阳市分行高新支行 　　　　　　　210101040005181	密码区	016542 −4 −275〈1 +46 ∗54 ∗ 781301〉〈8102 ∗59 ∗09012　　加密版本:01 〈4〈3 ∗2182 −9〉9 ∗ −163〈/0　5100041008 ∗01/4〉∗〉〉2 −5 ∗0/9/〉〉17　20010198

货物或应税劳务名称	规格型号	单位	数量	单价	金额	税率	税额
洗衣粉		包	30	54.70	1 641.00	17%	278.97
合计					￥1 641.00	17%	￥278.97

价税合计（大写）	⊗ 壹仟陆佰肆拾壹元整	（小写）￥1 641.00

销货单位	名　　　称：绵阳市开鑫商贸公司 纳税人识别号：510542855685565 地 址 、电 话：绵阳市东风路 38 号 　　　　　　　0834 （4221553） 开户行及账号：中国银行绵阳市分行东风支行 　　　　　　　665201031114887	备注	

收款人：　　　　　复核：　　　　　开票人：李军　　　　　销货单位：（章）

第二联：抵扣联 购货方扣税凭证

$23\dfrac{1}{1}$

四川希望果蔬饮品有限责任公司
收 料 单

材料科目：原材料　　　　　　　　　　　　　　　　　　　　　　　　5812018

材料类别：原料及主要材料

供应单位：西昌市澳丰食品公司

发票号码：10202343　　　　　　2010 年 12 月 14 日　　　　　　收料仓库：材料仓库

材料名称	规格	计量单位	数量		实际成本					
			应收	实收	买价		运杂费	其他	合计	单位成本
					单价	金额				
黄瓜浓缩汁		公斤	100	100	11.60	1 160.00	315.79		1 475.79	14.76
红牛香精		公斤	200	200	89.75	17 950.00	631.58		18 581.58	92.91
一水柠檬酸		公斤	80	80	5.39	431.20	252.63		683.83	8.55
合　计				380		19 541.20	1 200.00		20 741.20	—

记账：　陈建国　　　　　　收料：　王春贵　　　　　　制单：　王强

第三联 记账联

$24\dfrac{1}{1}$

四川希望果蔬饮品有限责任公司
产成品入库单

9001234

交库单位：基本生产车间　　　　　2010 年 12 月 14 日　　　　　仓库：成品库

工作令号	产品名称	规格	计量单位	交库数量	备注
06HGX－1	黄瓜爽	1×335×24	件	8 000	
06VNY－1	V能维生素饮料	1×550×20	件	11 000	

车间负责人：尚天　　　　　　仓库管理员：　李义财　　　　　　制单：王红

第三联 记账联

$25\dfrac{1}{5}$

四川希望果蔬饮品有限责任公司
转账支票领用审批表

2010 年 12 月 15 日　　　　　　　　　　附件：　2张

领用部门	采购部	领用人	祝力	①定额　②限额　③汇款√	③主管副总	甘云峰
预支金额	人民币 零佰零拾叁万贰仟零佰零拾零圆零角零分					
对方单位全称	绵阳胜峰科技有限公司	开户行	农行绵阳市分行高新支行	账号	200201030002553	

事由：购用友软件

①部门经理	祝力	②财务总监	陆涛	④总经理或董事会审批	同意　毕成刚

会计：夏琳　　　　　　　　　　出纳：罗晓芸

注：此表不作为记账凭证附件。

208

$25\dfrac{2}{5}$

5100641001　　　　四川增值税专用发票　　　№ 35068001
发票联

开票日期：2010 年 12 月 15 日

购货单位	名　称：四川希望果蔬饮品有限责任公司　纳税人识别号：510681749621556　地址、电话：绵阳市高新区工业开发园 18 号 2578899　开户行及账号：农业银行绵阳市分行高新支行 210101040005181	密码区	016542 −4 −275⟨1 +46 ∗54 ∗ 781301⟩⟨8102 ∗59 ∗09012 ⟨4⟨3 ∗2182 −9⟩9 ∗ −163⟨/0 ∗01/4⟩ ∗ ⟩⟩2 −5 ∗0/9/⟩⟩17　加密版本:01　5100041008　20010198

货物或应税劳务名称	规格型号	单位	数量	单价	金额	税率	税额
用友软件		套	1	27 350.43	27 350.43	17%	4 649.57
合计					￥27 350.43	17%	￥4 649.57

价税合计（大写）	⊗ 叁万贰仟圆整	（小写）￥32 000.00

销货单位	名　称：绵阳市胜峰科技有限公司　纳税人识别号：510602845688711　地址、电话：绵阳市长虹大道中段12号 0816（4784448）　开户行及账号：农行绵阳市分行高新支行 200201030002553	备注	

收款人：　　复核：　　开票人：林静　　销货单位：（章）

第一联：发票联　购货方记账凭证

会计学基础实训与指导

$25\dfrac{3}{5}$

5100641001

四川增值税专用发票
抵扣联

№ 35068001

开票日期：2010 年 12 月 15 日

购货单位	名　　　称：四川希望果蔬饮品有限责任公司 纳税人识别号：510681749621556 地 址 、电 话：绵阳市高新区工业开发园 18 号 　　　　　　2578899 开户行及账号：农业银行绵阳市分行高新支行 　　　　　　210101040005181				密码区	016542 −4 −275⟨1 +46 ∗54 ∗ 781301⟩⟨8102 ∗59 ∗09012　加密版本;01 ⟨4⟨3 ∗2182 −9⟩9 ∗ −163⟨∕0　5100041008 ∗01∕4⟩ ∗ ⟩⟩2 −5 ∗0∕9∕⟩⟩17　20010198		
货物或应税劳务名称	规格型号	单位	数量	单价	金额	税率	税额
用友软件		套	1	27 350.43	27 350.43	17%	4 649.57
合计					¥ 27 350.43	17%	¥ 4 649.57
价税合计（大写）　⊗ 叁万贰仟圆整					（小写）　¥ 32 000.00		
销货单位	名　　　称：绵阳市胜峰科技有限公司 纳税人识别号：510602845688711 地 址 、电 话：绵阳市长虹大道中段 12 号 　　　　　　0816（4784448） 开户行及账号：农行绵阳市分行高新支行 　　　　　　200201030002553				备注			

收款人：　　　　复核：　　　　开票人：林静　　　　销货单位：（章）

第二联：抵扣联 购货方扣税凭证

209

$25\dfrac{4}{5}$

中国农业银行
转账支票存根（川）

$\dfrac{CB}{02}$12531170

科　　目＿＿＿＿＿＿＿＿＿＿＿

对方科目＿＿＿＿＿＿＿＿＿＿＿

出票日期　2010 年 12 月 15 日

收款人：绵阳胜峰科技有限公司

金额：32 000.00 元

用途：购用友财务软件

备注：

单位主管　林方　　会计　夏琳

$25\dfrac{5}{5}$

农业银行进账单（回单）　1

2010 年 12 月 15 日　　　　　　　　　第　123　号

出票人	全　称	四川希望果蔬饮品有限责任公司	收款人	全　称	绵阳胜峰科技有限公司
	账　号	210101040005181		账　号	200201030002553
	开户银行	农行绵阳市分行高新支行		开户银行	农行绵阳市分行高新支行

人民币（大写）	人民币：叁万贰仟圆整	千	百	十	万	千	百	十	元	角	分
				¥	3	2	0	0	0	0	0

票据种类	支票	票据张数	1
票据号码		1253117	

中国农业银行绵阳市
分行高新支行
2010.12.15
办讫章

（收款人开户行盖章）

备注：

此联是出票人开户银行交给出票人的回单

$26\dfrac{1}{2}$

固定资产捐赠交接单

捐赠单位：重庆市星海电子股份有限公司
接受单位：四川希望蔬果饮品有限责任公司
捐赠原因　　　地震受灾　　　　　　　　　2010 年 12 月 15 日

名称及规格型号	数量	预计使用年限	已使用年限	原值	已提折旧	净值	备注
笔记本电脑	2	3		18 000.00			

重庆市星海电子股份有限公司 捐赠单位签章 业务专用章	四川希望蔬果饮品有限责任公司 接受捐赠单位签章 业务专用章
经办人：龙冰	经办人：苟宵

$26\dfrac{2}{2}$

四川希望果蔬饮品有限责任公司
固定资产移交使用验收单

2010 年 12 月 15 日

名称	规格型号	单位	数量	设备价款	预计使用年限	使用部门
笔记本电脑		台	2	18 000.00	3	采供部
合计			2	18 000.00		
备注	接受捐赠					

单位主管：　　　　记账：　李德　　　　使用部门负责人：祝力　　　制单：周敏

$27\dfrac{1}{4}$

四川希望果蔬饮品有限责任公司
转账支票领用审批表

2010 年 12 月 16 日　　　　　　　　　　　附件：1 张

领用部门	销售部	领用人	赵明	①定额 ②限额 ③汇款√	③主管副总	张清
预支金额	人民币 零佰零拾壹万贰仟零佰零拾零圆零角零分					
对方单位全称	绵阳有线电视台	开户行	农行金桥支行	账号	00000030045343	

事由：支付广告费				④ 总经理或董事会审批	同意　毕成刚		
①部门经理	赵明	②财务总监	陆涛				

会计：夏琳　　　　　　　　　　　　　　　　　　出纳：罗晓芸

注：此表不作为记账凭证附件。

四川省广告业专用发票

发票代码：267483322014

发票号码：00402363

收到：四川希望果蔬饮品有限责任公司　　　　　　　　2010 年 12 月 16 日填制

摘　　　要	金　　　额									
	千	百	十	万	千	百	十	元	角	分
2010 年 12 月 6 日至 20 日产品电视广告费				¥	1	2	0	0	0	0
合计人民币（大写）壹万贰仟圆整										
备注										

转账付讫

报销凭证

收款单位（财务公章）　　　会计：徐敏　　　收款人：杨劲松　　　经手人：周康

绵阳有线电视台 财务专用章

中国农业银行

转账支票存根（川）

$\frac{CB}{02}$ 12531180

科　　目＿＿＿＿＿＿＿＿＿＿＿＿＿＿

对方科目＿＿＿＿＿＿＿＿＿＿＿＿＿＿

出票日期　2010 年 12 月 16 日

收款人：绵阳有线电视台

金额：12 000.00 元

用途：电视广告费

备注：

单位主管　林方　　　会计　夏琳

$27\dfrac{4}{4}$

农业银行进账单（回单）　1

2010 年 12 月 16 日　　　　　　　　第　124　号

<table>
<tr><td rowspan="3">出票人</td><td>全　称</td><td>四川希望果蔬饮品有限责任公司</td><td rowspan="3">收款人</td><td>全　称</td><td>绵阳有线电视台</td></tr>
<tr><td>账　号</td><td>210101040005181</td><td>账　号</td><td>30045343</td></tr>
<tr><td>开户银行</td><td>农行绵阳市分行高新支行</td><td>开户银行</td><td>农行金桥支行</td></tr>
</table>

人民币（大写）	人民币：壹万贰仟圆整	千	百	十	万	千	百	十	元	角	分
				¥	1	2	0	0	0	0	0

票据种类	支票	票据张数	1
票据号码		1253118	

备注：

中国农业银行绵阳市分行高新支行
2010.12.16
办讫章

（收款人开户行盖章）

此联是出票人开户银行交给出票人的回单

213

$28\dfrac{1}{3}$

5100061650　　　　　四川增值税普通发票　　　　№ 00803875

校验码 02257011403868578672　　此联不作报销、扣税凭证使用　开票日期：2010 年 12 月 17 日

<table>
<tr><td rowspan="4">购货单位</td><td>名　称：绵阳市昕合商贸部</td><td rowspan="4">密码区</td><td rowspan="4">9056＋＋＋＞47989＋1＋＜＜/2－
11743539＊7/＋463602＋＋0
8916－7713＞4－＜＜/7574＊5
419＊5＋1317＋－67＞37＞＞/＊</td><td>加密版本:01</td></tr>
<tr><td>纳税人识别号：5102397716003799</td><td>5100061650</td></tr>
<tr><td>地址、电话：绵阳市旅仙区仙人路 2 号
3275478</td><td>00803875</td></tr>
<tr><td>开户行及账号：</td><td></td></tr>
</table>

货物或应税劳务名称	规格型号	单位	数量	单价	金额	税率	税额
Ｖ能维生素饮料	(1×550×20)	件	2 800	24.92	69 776.00	17%	11 861.92
合计					¥69 776.00	17%	¥11 861.92
价税合计（大写）	⊗ 捌万壹仟陆佰叁拾柒元玖角贰分				（小写）　¥81 637.92		

<table>
<tr><td rowspan="4">销货单位</td><td>名　称：四川希望果蔬饮品有限责任公司</td><td rowspan="4">备注</td><td rowspan="4"></td></tr>
<tr><td>纳税人识别号：510681749621556</td></tr>
<tr><td>地址、电话：绵阳市高新区工业开发园 18 号
2578899</td></tr>
<tr><td>开户行及账号：农业银行绵阳市分行
210101040005181</td></tr>
</table>

收款人：　　　　复核：　　　　开票人：林静　　　　销货单位：（章）

第三联：记账联　销货方记账凭证

现金缴款单

2010 年 12 月 17 日   序号

客户填写部分	户　名	四川希望果蔬饮品有限责任公司																		
	账　号	210101040005181			收款人开户行		农行绵阳市分行高新支行														
	交款人	罗晓芸			款项来源		绵阳市昕合商贸部货款														
	币种	人民币	大写：捌万壹仟陆佰叁拾柒元玖角贰分					亿	千	百	十	万	千	百	十	元	角	分
		外币：										¥	8	1	6	3	7	9	2
	类别	100 元	50 元	20 元	10 元	5 元	2 元	1 元						辅币（金额）			
	张数	710	14	4	1			2								
银行填写部分	日期：								日志号：					
	交易码：													
	金额：			币种：				终端号：						
	主　管：					柜员：								

注：本入账通知加盖银行收讫章和计算机打印相关入账信息后为有效凭证，上述款项如有疑问，请拨打 95599 进行查询。

214

四川希望果蔬饮品有限责任公司

产成品出库通知单   4021022

2010 年 12 月 17 日

编号	名称	规格	单位	应发数量	实发数量	单位成本	实际成本							附注
							十万	千	百	十	元	角	分	
1	V 能维生素饮料	1×550×20	件	2 800	2 800									

会计：夏琳　　　　保管：张春贵　　　　制单：刘红艳

$29\frac{1}{5}$

5101100040

四川增值税专用发票 No 70202565

开票日期：2010 年 12 月 18 日

购货单位	名　　称：四川希望果蔬饮品有限责任公司 纳税人识别号：510681749621556 地址、电话：绵阳市高新区工业开发园 18 号　2578899 开户行及账号：农业银行绵阳市分行高新支行　210101040005181	密码区 016542－4－275〈1＋46＊54＊781301〉〈8102＊59＊09012〈4〈3＊2182－9〉9＊－163〈0＊01/4〉＊〉〉2－5＊0/9/〉〉17　加密版本:01　5101100040　70202565

货物或应税劳务名称	规格型号	单位	数量	单价	金额	税率	税额
热灌装瓶胚		克	5 000	3.20	16 000.00	17%	2 720.00
合计					￥16 000.00	17%	￥2 720.00

价税合计（大写）　⊗ 壹万捌仟柒佰贰拾元整　（小写）￥18 720.00

销货单位	名　　称：四川宜宾普什集团 纳税人识别号：510818033391001 地址、电话：宜宾市顺江路 18 号　8223455 开户行及账号：工行顺江支行　44022310099022320212

收款人：　　复核：　　开票人：李艳　　销货单位：（章）

$29\frac{2}{5}$

5101100040

四川增值税专用发票 No 70202565

开票日期：2010 年 12 月 18 日

购货单位	名　　称：四川希望果蔬饮品有限责任公司 纳税人识别号：510681749621556 地址、电话：绵阳市高新区工业开发园 18 号　2578899 开户行及账号：农业银行绵阳市分行高新支行　210101040005181	密码区 016542－4－275〈1＋46＊54＊781301〉〈8102＊59＊09012〈4〈3＊2182－9〉9＊－163〈0＊01/4〉＊〉〉2－5＊0/9/〉〉17　加密版本:01　5101100040　70202565

货物或应税劳务名称	规格型号	单位	数量	单价	金额	税率	税额
热灌装瓶胚		克	5 000	3.20	16 000.00	17%	2 720.00
合计					￥16 000.00	17%	￥2 720.00

价税合计（大写）　⊗ 壹万捌仟柒佰贰拾元整　（小写）￥18 720.00

销货单位	名　　称：四川宜宾普什集团 纳税人识别号：510818033391001 地址、电话：宜宾市顺江路 18 号　8223455 开户行及账号：工行顺江支行　44022310099022320212

收款人：　　复核：　　开票人：李艳　　销货单位：（章）

公路、内河货物运输业统一发票

发 票 联

发票代码 251000100005

发票号码 08000112

开票日期：2010 – 12 – 18

打机代码	251000100005	税控码	010409467647 >5 >488532655 > <1 >02/02/88 +/25 + > < *26357 + 9539 *2 >2 >1/2 *81026 + 73 > 4116478/37 +1 >8 + +0 + 28 + 3 < <53203 + 2/2 > 2195 > < *62 */2 <546 <80111/ + >2 *65684 +/65
机打号码	08000112		
机器编号	870000131214		

收货人及纳税人识别号	四川希望果蔬饮品有限责任公司 510681749621556	承运人及纳税人识别号	宜宾顺华物流有限公司 530111828161223
发货人及纳税人识别号	四川宜宾普什集团 510818033391001	主管税务机关及代码	宜宾市地方税务局直属征收分局征收处 25100011121

运动项目及金额	货物名称	数量	运价	里程	金额	其他项目及金额	项目	金额	备注
	热罐装瓶胚	0.00	0.00	0.00	500.00				

运费小计	￥500.00	其他费用小计	￥0.00
合计（大写）	伍佰圆整	（小写）￥500.00	

承运人盖章

开票人：高全

宜宾顺华物流有限公司 财务专用章

$29\dfrac{4}{5}$

公路、内河货物运输业统一发票
抵　扣　联

发票代码 251000100005
发票号码 08000112

开票日期：2010－12－18

打机代码	251000100005	税控码	010409467647 ＞5 ＞488532655 ＞ ＜1 ＞02/02/88 +/25 +
机打号码	08000112		＞ ＜ ＊26357 + 9539 ＊2 ＞2 ＞1/2 ＊81026 + 73 ＞
机器编号	870000131214		4116478/37 +1 ＞8 + +0 + 28 + 3 ＜ ＜53203 +2/2 ＞ 2195 ＞ ＜ ＊62 ＊/2 ＜546 ＜80111/ + ＞2 ＊65684 +/65

收货人及纳税人识别号	四川希望果蔬饮品有限责任公司 510681749621556	承运人及纳税人识别号	宜宾顺华物流有限公司 530111828161223
发货人及纳税人识别号	四川宜宾普什集团 510818033391001	主管税务机关及代码	宜宾市地方税务局直属征收分局征收处 25100011121

运动项目及金额	货物名称	数量	运价	里程	金额	其他项目及金额	项目	金额	备注
	热罐装瓶胚	0.00	0.00	0.00	500.00				

运费小计	￥500.00	其他费用小计	￥0.00
合计（大写）	伍佰圆整	（小写）￥500.00	

承运人盖章　　　　　　　　　　　　　开票人：高全

第二联　抵扣联　付款方抵扣凭证（手写无效）

217

$29\frac{5}{5}$

四川希望果蔬饮品有限责任公司
收 料 单

材料科目：原材料　　　　　　　　　　　　　　　　　　　5812019

材料类别：包装物

供应单位：四川宜宾普什集团

发票号码：70202565　　　　　　2010 年 12 月 19 日　　　　收料仓库：材料仓库

材料名称	规格	计量单位	数量		实 际 成 本					单位成本
			应收	实收	买价		运杂费	其他	合计	
					单价	金额				
热灌装瓶胚		克	5 000	5 000	3.20	16 000.00	500.00		16 500.00	3.3
合　　计				5 000		16 000.00	500.00		16 500.00	

记账：　**陈建国**　　　　　收料：　**王春贵**　　　　制单：王强

$30\frac{1}{4}$

四川希望果蔬饮品有限责任公司
领 料 单

材料科目：周转材料

领料车间（部门）：基本生产车间　　　　　　　　　　　材料类别：包装物

用途：　生产黄瓜爽　　　　　2010 年 12 月 19 日　　　编号：112114

工作令号	材料编号	材料名称	规格	计量单位	数 量		实际成本	
					请领	实发	单位成本	金额
08HGX – 1		热灌装瓶胚		克	2 650	2 650		
08HGX – 1		黄瓜标签		张	1 040	1 040		
合计								
备注		生产黄瓜爽						

记账：　**陈建国**　　　发料：　**王春贵**　　　领料部门：生产车间　　　领料人：张昕

$30\dfrac{2}{4}$

四川希望果蔬饮品有限责任公司
领 料 单

材料科目：周转材料

领料车间（部门）：基本生产车间　　　　　　　　　　　　　　　材料类别：包装物

用途：生产 V 能维生素饮料　　　　　2010 年 12 月 19 日　　　　　编号：112115

工作令号	材料编号	材料名称	规格	计量单位	数量		实际成本	
					请领	实发	单位成本	金额
08VNY－1		热灌装瓶胚		克	1 400	1 400		
08VNY－1		红牛标签		张	1 180	1 180		
合计								
备注		生产 V 能维生素饮料						

记账：陈建国　　　发料：王春贵　　　领料部门：生产车间　　　领料人：张昕

第三联　记账联

$30\dfrac{3}{4}$

四川希望果蔬饮品有限责任公司
领 料 单

材料科目：周转材料

领料车间（部门）：销售部　　　　　　　　　　　　　　　材料类别：低值易耗品

用途：销售部门用　　　　　2010 年 12 月 19 日　　　　　编号：112116

工作令号	材料编号	材料名称	规格	计量单位	数量		实际成本	
					请领	实发	单位成本	金额
		洗衣粉		包	17	17		
合计					17	17		
备注		销售部门用						

记账：陈建国　　　发料：王春贵　　　领料部门：生产车间　　　领料人：李锦

第三联　记账联

219

四川希望果蔬饮品有限责任公司
领 料 单

材料科目：周转材料

领料车间（部门）：生产车间　　　　　　　　　　　　　　　　材料类别：低值易耗品

用途：　生产车间一般耗用　　　　2010 年 12 月 19 日　　　　　编号：112117

工作令号	材料编号	材料名称	规格	计量单位	数量 请领	数量 实发	实际成本 单位成本	实际成本 金额
		洗衣粉		包	16	16		
合计					16	16		
备注	生产车间一般耗用							

记账：陈建国　　　发料：王春贵　　　领料部门：生产车间　　　领料人：陈华

---

31 $\frac{1}{3}$

5100040040　　　　四川增值税专用发票　　　No 00202104

此联不作报销、扣税凭证使用　　开票日期：2010 年 12 月 19 日

购货单位	名　　称：雅安正大商城 纳税人识别号：511800910950152 地址、电话：雅安市新康路 38 号 　　　　　　0835－2621069 开户行及账号：招行新康支行 000420116383	密码区	272＊12－4#275〈1＋67＊54＊ 085371〉〈8002＊59＊09140. 〈1〈3＊2842－9〉2＊＋453〈/9 ＊01/3〉＊〉〉6－2＊0/9/〉〉88	加密版本：01 5100040040 00202104

货物或应税劳务名称	规格型号	单位	数量	单价	金额	税率	税额
黄瓜爽	1×355×24	件	5 000	36.75	183 750.00	17%	31 237.50
合计					￥183 750.00	17%	￥31 237.50

价税合计（大写）	⊗ 贰拾壹万肆仟玖佰捌拾柒元伍角整　　　　　（小写）￥214 987.50

销货单位	名　　称：四川希望果蔬饮品有限责任公司 纳税人识别号：510681749621556 地址、电话：绵阳市高新区工业开发园 18 号 开户行及账号：农行绵阳市分行高新支行 　　　　　　210101040005181	备注	

收款人：　　　复核：　　　开票人：张景　　　销货单位：（章）

$31\dfrac{2}{3}$

四川希望果蔬饮品有限责任公司
产成品出库通知单　　　　4021023

2010 年 12 月 19 日

编号	名称	规格	单位	应发数量	实发数量	单位成本	实际成本								附注
							十万	千	百	十	元	角	分	
1	355ml 黄瓜爽	1×355×24	件	5 000	5 000									

会计：夏琳　　　　　保管：张春贵　　　　　制单：刘红艳

第三联　记账联

$31\dfrac{3}{3}$

托收凭证（受理回单）　　1

委托日期 2010 年 12 月 19 日

业务类型		委托收款（□邮划　□电划）　　托收承付（□邮划　□电划）														
付款人	全　称	雅安正大商场	收款人	全　称	四川希望果蔬饮品有限责任公司											
	账号或地址	000420116383		账　号	210101040005181											
	开户银行	招行新康支行		开户银行	农行绵阳市分行高新支行											
托收金额	人民币（大写）	贰拾壹万肆仟玖伯捌拾柒圆伍角整				千	百	十	万	千	百	十	元	角	分	
							¥	2	1	4	9	8	7	5	0	
款项内容	销货款	托收凭据名称	增值税发票、运单、合同副本	附寄单证	肆张											
商品发运情况	已发运		合同名称号码	绵合字（2010）7376 号												

备注　（中国农业银行绵阳市分行高新支行　2010.12.19　办讫章）　款项收妥日期

复核　　　记账　　　　年　月　日　　　　　　年　月　日

此联收款人开户银行给收款人的受理回单

绵阳市电信局电话费发票

缴费时间：2010 年 12 月 20 日　　　　　电话号码：3266785 等　　　第 35385 号

客户名称：四川希望果蔬饮品有限责任公司				缴费合同号：A5698745	
其中	市内电话费	328.60	月份	金　　额	
	长途人工话费				
	长途直拨话费	671.40			
	电　报　费				
	补　　欠				
	200 电话费				
	其　　他				
	滞　纳　金				
	信息台信息费				
	合　　计	1 000.00			

现金付讫

记账：璐璐　　　　　　　　　　　　　　复核：刘艳

四川希望果蔬饮品有限责任公司
现金支票领用审批表

2010 年 12 月 20 日　　　　　　　　　　　　　　附件：1 张

领用部门	财务部	领用人	罗晓芸	①定额　②限额√　③汇款	③主管副总	甘云峰
预支金额	人民币 零佰壹拾伍万贰仟肆佰肆拾零圆零角零分					
对方单位全称	四川希望果蔬饮品有限责任公司	开户行	农行绵阳市分行高新支行	账号	210101040005181	
事由：备发工资				④		
①部门经理	林方	②财务总监	陆涛	总经理审或董事会批	同意　　毕成刚	

会计：夏琳　　　　　　　　　　　　　　　出纳：罗晓耘

注：此表不作为记账凭证附件。

$33\dfrac{2}{2}$

中国农业银行
现金支票存根（川）

$\dfrac{CB}{02}$ 11531711

科　　目 _____

对方科目 _____

出票日期　2010 年 12 月 20 日

收款人：四川希望果蔬饮品有限责任公司
金额：152 440.00 元
用途：备发工资
备注：

单位主管　林方　　会计　夏琳

$34\dfrac{1}{1}$

四川希望果蔬饮品有限责任公司工资结算汇总表

2010 年 11 月 30 日　　　　　　　　　　　　　　　单位：元

车间或部门	职工类别	基本工资	津贴		奖金	应付工资	代扣款项			实发金额
			职务	岗位			社保基金	个人所得税	小计	
生产车间	生产工人（黄瓜爽）	58 000.00	3 000.00	2 300.00	2 500.00	65 800.00	4 500.00	2 700.00	7 200.00	58 600.00
	生产工人（V能维生素饮料）	45 000.00	2 000.00	3 000.00	1 800.00	51 800.00	2 800.00	1 550.00	4 350.00	47 450.00
	管理人员	10 000.00	1 800.00		1 300.00	13 100.00	1 750.00	1 750.00	3 500.00	9 600.00
管理部门	管理人员	10 000.00	2 400.00		1 200.00	13 600.00	1 260.00	1 000.00	2 260.00	11 340.00
销售机构	销售人员	20 000.00	2 000.00	1 500.00	6 000.00	29 500.00	2 850.00	1 200.00	4 050.00	25 450.00
合　计		143 000.00	11 200.00	6 800.00	11 800.00	172 800.00	13 160.00	8 200.00	21 360.00	152 440.00

单位负责人：毕成刚　　　　　　　复核：陆涛　　　　　　　制单：夏琳

35 $\frac{1}{1}$

中国农业银行存款利息收入回单

日期：　　　2010 年 12 月 21 日　　　　　　业务类型：利息收入

收款账号：　210101040005181　　　　　　户名：四川希望果蔬饮品有限责任公司

开户行：　　农行绵阳市分行高新支行　　　　交易网点：农行绵阳市分行高新支行

金额（大写）：贰佰肆拾玖圆伍角壹分

金额（小写）：CNY249.51

结息账号：　210101040005181

计息期间	利率	利息	摘要
20100921－20101220	6‰	249.51	活期利息

经办：F18003　　　　　　　　　　　2010.12.21　　5500000368－000060　20101221

36 $\frac{1}{2}$

农行绵阳支行借款利息通知单

编　号：2010 年 12 月份　007 号

借款人：　四川希望果蔬饮品有限责任公司

　　　　　贵公司本月应付 借款利息　¥750.00 元，请提前三天将合计金额共计 ¥750.00 元汇入我行。

收款人：中国农业银行绵阳市分行高新支行

收款账号：2101041112316

　　　　　我行按时于　2010 年 12 月 22 日　　划收。

利息	本金	起日	止日	月利率	计息天数
750.00	150 000.00	2010－11－25	2010－12－25	5‰	30

中国农业银行绵阳市支行

经办人：李靖　　　复核：唐靓　　　　　联系电话　5537553

$36\frac{2}{2}$

中国农业银行绵阳市支行贷款利息凭证

2010 年 12 月 22 日

<table>
<tr><td rowspan="3">收款单位</td><td>账　号</td><td colspan="3">2101041112316</td><td rowspan="3">付款单位</td><td>账　号</td><td colspan="2">210101040005181</td></tr>
<tr><td>户　名</td><td colspan="3">中国农业银行绵阳市分行高新支行</td><td>户　名</td><td colspan="2">四川希望果蔬饮品有限责任公司</td></tr>
<tr><td>开户银行</td><td colspan="3">农行绵阳市分行高新支行</td><td>开户银行</td><td colspan="2">农行绵阳市分行高新支行</td></tr>
<tr><td>积数：</td><td colspan="3">150 000.00</td><td colspan="2">利率5‰</td><td colspan="2">利息￥750.00 元</td></tr>
<tr><td colspan="4">_____户第
中国农业银行绵阳市
分行高新支行
2010.12.22
转讫</td><td colspan="4">科目_____
对方科目_____
复核员：　　　记账员：</td></tr>
</table>

$37\frac{1}{1}$

盘 存 表

单位名称：四川希望果蔬饮品有限公司

财产类别：原材料　　　　存放地点：材料仓库　　　　　　　盘点日期：2010 年 12 月 20 日

<table>
<tr><td rowspan="2">编号</td><td rowspan="2">名称</td><td rowspan="2">计量单位</td><td colspan="2">数量</td><td rowspan="2">单价</td><td colspan="2">盘盈</td><td colspan="2">盘亏</td><td rowspan="2">备注</td></tr>
<tr><td>账存</td><td>实存</td><td>数量</td><td>金额</td><td>数量</td><td>金额</td></tr>
<tr><td></td><td>白砂糖</td><td>Kg</td><td>820</td><td>770</td><td></td><td></td><td></td><td>50</td><td>162.00</td><td></td></tr>
<tr><td></td><td></td><td></td><td></td><td></td><td></td><td></td><td></td><td></td><td></td><td></td></tr>
<tr><td></td><td></td><td></td><td></td><td></td><td></td><td></td><td></td><td></td><td></td><td></td></tr>
<tr><td>合计</td><td></td><td></td><td></td><td></td><td></td><td></td><td></td><td></td><td></td><td></td></tr>
</table>

盘点：李光军　　　　　　　　　　　　　　仓库主管：陈黎

$38\frac{1}{3}$

四川希望果蔬饮品有限责任公司
差旅费审批表

出差人	姓名	钟明德		
	部门	采供部		
	姓名			
	部门			
出差人数		壹人		
出差时间出差任务（请划√或填写）		2010 年 11 月 18 日至 2010 年 11 月 20 日		
		1. 业务性出差（　）		
		2. 参加会议：　　3. 名称：大西南片区新产品说明会		
		4. 地点：昆明　　5. 主办方：广州健力宝饮品有限责任公司		
		6. 其他（具体事由）：		
出差地点及路线		1. 云南 省 昆明市；2. 省 市；3. 省 市		
		4. 省 市；5. 省 市；6. 省 市		
交通工具（请划√或填写）		1. 飞机（√）　2. 火车（　）　3. 轮船（　）　4. 汽车（　）		
		5. 其他（请注明）：		
接待单位				
出差人所在处室领导		同意　祝力		

注：此表不作为记账凭证附件。

$38\frac{2}{3}$

收　据

2010 年 12 月 24 日　　　　　　　　　　420513

收到：钟明德

摘　　要	金　　　额									
		千	百	十	万	千	百	十	元	角	分
出差借款							¥	3	0	0	0	0
合计人民币（大写）叁佰圆整											
备注											

收款单位（财务公章）　　会计：夏琳　　收款人：罗晓芸　　经手人：

现金付讫

四川希望果蔬饮品有限责任公司
财务专用章

第三联　记账联

$38\frac{3}{3}$

四川希望果蔬饮品有限责任公司差旅费报销单

2010 年 12 月 24 日

200478

原派出单位　　采供部　　　　　　　　　　　　　　　　　　　　　单据张数　　12 张（略）

事　由：　出差　　　姓名：钟明德　　职务：　　　　　　　预借款 3 000 元

起止日期				起止地点	车船费	办公邮电	住宿费	住勤费			途中标准	伙食补助		合计
月	日	月	日					标准	天数	金额		天数	金额	
12	17	12	22	绵阳-昆明	900.00	590.00	630.00	100.00	4	400.00		5	180.00	2 700.00
合　计					498.00	612.00		100.00	4	400.00		6	90.00	2 700.00

人民币（大写）贰仟柒佰圆整　　　　　应退（补）：300.00 元

派出单位领导：赵明　　财务主管：林方　　　　　复核：夏琳　　　　出纳：**罗晓芸**

$39\frac{1}{1}$

227

中国农业银行现金管理收费凭证

2010 年 12 月 25 日　　　　　序号：edbd0004

户　　名	四川希望果蔬饮品有限责任公司		开户行名称	农行绵阳市分行高新支行	
转入账号	210101040005181				
业务种类	普通汇兑				
收费项目	收费基数	费率	交易量	交易金额	收费金额
电子汇兑电子汇划费	按金额	0.00%	0	30 000.00	10.00
汇兑手续费	按笔	0.500 00 元/笔	1	0.00	0.50
		中国农业银行绵阳市分行高新支行 2010.12.25 转讫			
金额（大写）：壹拾圆伍角整			（小写）	10.50	
日期：2010 年 12 月 25 日		日志号：			
交易码：		币种：			
金额：10.50		终端号：			
主管：		柜员：王容			

第二联　客户回单

制票：王容　　　　　　　　　　　　　　　　　　　复核：

托收凭证（汇款依据或收账通知）　4

委托日期 2010 年 12 月 27 日

<table>
<tr><td colspan="2">业务类型</td><td colspan="2">委托收款（□邮划　□电划）</td><td colspan="2">托收承付（□邮划　□电划）</td><td colspan="2"></td></tr>
<tr><td rowspan="3">付款人</td><td>全　　称</td><td colspan="2">成都食品批发城</td><td rowspan="3">收款人</td><td>全　　称</td><td colspan="2">四川希望果蔬饮品有限责任公司</td></tr>
<tr><td>账号或地址</td><td colspan="2">1083808710001</td><td>账　号</td><td colspan="2">210101040005181</td></tr>
<tr><td>开户银行</td><td colspan="2">招行小天支行</td><td>开户银行</td><td colspan="2">农行绵阳市分行高新支行</td></tr>
<tr><td rowspan="2">托收金额</td><td>人民币
（大写）</td><td colspan="3">柒万捌仟玖佰玖拾陆圆零陆分</td><td colspan="3">千 百 十 万 千 百 十 元 角 分
¥ 7 8 9 9 6 0 6</td></tr>
<tr><td>款项内容</td><td>销货款</td><td>托收凭据名称</td><td>委托收款</td><td>附寄单证</td><td colspan="2">2</td></tr>
<tr><td colspan="2">商品发运情况</td><td colspan="2">已发运</td><td colspan="2">合同名称号码</td><td colspan="2">绵合字（2010）7475 号</td></tr>
<tr><td colspan="2" rowspan="2">备注：</td><td colspan="6">款项收妥日期</td></tr>
<tr><td colspan="6"></td></tr>
<tr><td colspan="2">复核　　　记账</td><td colspan="3">年　月　日</td><td colspan="3">年　月　日</td></tr>
</table>

（印章：中国农业银行绵阳市分行高新支行 2010.12.27 转讫）

此联收款人开户银行给收款人的受理回单

四川希望果蔬饮品有限责任公司
存货盘盈盘亏报告单

部门：基本生产车间　　　　　　　　2010 年 12 月 28 日　　　　　　　　财会作销账依据

<table>
<tr><td rowspan="2">编号</td><td rowspan="2">品名规格</td><td rowspan="2">单位</td><td rowspan="2">账面数量</td><td rowspan="2">实存数量</td><td colspan="2">盘盈</td><td colspan="2">盘亏</td><td rowspan="2"></td></tr>
<tr><td>数量</td><td>金额</td><td>数量</td><td>金额</td></tr>
<tr><td></td><td>白砂糖</td><td>公斤</td><td>820</td><td>770</td><td></td><td></td><td>50</td><td>162.00</td><td>水灾</td></tr>
<tr><td></td><td></td><td></td><td></td><td></td><td></td><td></td><td></td><td></td><td></td></tr>
<tr><td></td><td></td><td></td><td></td><td></td><td></td><td></td><td></td><td></td><td></td></tr>
<tr><td rowspan="2">处理意见</td><td colspan="3">保管部门</td><td colspan="2">清查小组</td><td colspan="4">审批部门</td></tr>
<tr><td colspan="3">保险公司应予以赔偿</td><td colspan="2">同意保管部门意见</td><td colspan="4">已与保险公司协商，其同意赔偿损失 100.00 元，其余 89.54 元转营业外支出</td></tr>
</table>

负责人：张霞　　　　　　　　保管：李辉　　　　　　　　清点人：李辉

第二联　财会

42 $\frac{1}{4}$

四川希望果蔬饮品有限责任公司
转账支票领用审批表

2010 年 12 月 29 日   附件：   1 张

领用部门	销售部	领用人	李明	①定额 ②限额 ③汇款√	③主管副总	张清
预支金额	人民币 零佰零拾零万捌仟柒佰零拾零圆零角零分					
对方单位全称	绵阳市红叶娱乐餐饮有限公司	开户行	商行绵阳市分行高新支行	账号	210104432011991	
事由：支付销售部业务费				④		
①部门经理	赵明	②财务总监	陆涛	总经理审或董事会批	同意 毕成刚	

会计：夏琳   出纳：罗晓芸

注：此表不作为记账凭证附件。

42 $\frac{2}{4}$

密　码

发票代码：   251010703099

发票号码：   03166418

税务登记号：   510681749621556

日期：   2010－12－29   发票号码：   3166418

项目名称	金额
餐饮	8 700.00

小计：   ￥8 700.00

折扣/折让：   ￥0.00

大写金额：   肆仟贰佰壹拾捌圆整

企业名称：   绵阳市红叶娱乐餐饮有限公司

企业地址：   临江路十号

电话：   2333895

机号：   605986   收款员：   01

65377416564246534392

报销凭证   盖章有效

中国农业银行
转账支票存根（川）

$\dfrac{CB}{02}$ 12531190

科　　目＿＿＿＿＿＿＿＿＿＿＿＿＿＿

对方科目＿＿＿＿＿＿＿＿＿＿＿＿＿＿

出票日期　2010 年 12 月 29 日

收款人：绵阳市红叶娱乐餐饮有限公司
金额：8 700.00 元
用途：支付业务费
备注：

单位主管　林方　　会计　夏琳

农业银行进账单（回单）　　1

2010 年 12 月 29 日　　　　　　　　第　125　号

出票人	全　称	四川希望果蔬饮品有限责任公司	收款人	全　称	绵阳市红叶娱乐餐饮有限公司
	账　号	210101040005181		账　号	210104432011991
	开户银行	农行绵阳市分行高新支行		开户银行	商行绵阳市分行高新支行

人民币（大写）	人民币：捌仟柒佰圆整	千	百	十	万	千	百	十	元	角	分
					￥	8	7	0	0	0	0

票据种类	支票	票据张数	1
票据号码		12531190	

中国农业银行绵阳市
分行高新支行
2010.12.29
办讫章

（收款人开户行盖章）

备注：

此联是出票人开户银行交给出票人的回单

$43\dfrac{1}{6}$

四川希望果蔬饮品有限责任公司
转账支票领用审批表

2010 年 12 月 30 日　　　　　　　　　　　　　　附件：　3 张

领用部门	财务部	领用人	罗晓芸	①定额　②限额　③汇款√	③主管副总	甘云峰
预支金额	人民币 零佰零拾玖万肆仟伍佰壹拾玖圆陆角贰分					
对方单位全称	绵阳市电业局	开户行	市商业银行临江支行	账号	07020140200000231	
事由：支付电费				④		
①部门经理	林方	②财务总监	陆涛	总经理或董事会审批	同意　毕成刚	

会计：夏琳　　　　　　　　　　　　　　　　　　　出纳：罗晓芸

注：此表不作为记账凭证附件。

$43\dfrac{2}{6}$

5100041140　　　　　　　　№ 10212200

四川增值税专用发票　发票联

开票日期：2010 年 12 月 30 日

购货单位	名　　称：四川希望果蔬饮品有限责任公司 纳税人识别号：510681749621556 地　址、电话：绵阳市高新区工业开发园 18 号　2578899 开户行及账号：农业银行绵阳市分行高新支行　210101040005181	密码区	016542－4－275〈1＋46＊54＊ 781301〉〈8102＊59＊09012 〈4〈3＊2182－9〉9＊－163〈/0 ＊01/4〉＊〉〉2－5＊0/9/〉〉17	加密版本：01 5100041140 10212200

货物或应税劳务名称	规格型号	单位	数量	单价	金额	税率	税额
电费					80 786.00	17%	13 733.62
合计					￥80 786.00	17%	￥13 733.62
价税合计（大写）		⊗ 玖万肆仟伍佰壹拾玖圆陆角贰分			（小写）　￥94 519.62		

销货单位	名　　称：绵阳市电业局 纳税人识别号：510700733398367 地　址、电话：绵阳市通锦路 32 号 2343121 开户行及账号：市商业银行临江支行　07020140200000231	备注	绵阳市电业局 510700733398367 发票专用章

收款人：　　　　复核：　　　　开票人：林静　　　　销货单位：（章）

第一联：发票联　购货方记账凭证

5100041140

四川增值税专用发票
抵扣联

№ 10212200

开票日期：2010 年 12 月 30 日

购货单位	名　　　称：四川希望果蔬饮品有限责任公司 纳税人识别号：510681749621556 地址、电话：绵阳市高新区工业开发园 18 号 2578899 开户行及账号：农业银行绵阳市分行高新支行 210101040005181	密码区	016542 −4 −275⟨1 +46 ∗ 54 ∗ 781301⟩⟨8102 ∗ 59 ∗ 09012 ⟨4⟨3 ∗ 2182 −9⟩9 ∗ −163⟨/0 ∗ 01/4⟩ ∗ ⟩⟩2 −5 ∗ 0/9/⟩⟩17　　加密版本：01 5100041140 10212200

货物或应税劳务名称	规格型号	单位	数量	单价	金额	税率	税额
电费					80 786.00	17%	13 733.62
合计					￥80 786.00	17%	￥13 733.62

价税合计（大写）	⊗ 玖万肆仟伍佰壹拾玖圆陆角贰分　　　　　　（小写）　￥94 519.62

销货单位	名　　　称：绵阳市电业局 纳税人识别号：510700733398367 地址、电话：绵阳市通锦路 32 号 2343121 开户行及账号：市商业银行临江支行 07020140200000231	备注	绵阳市电业局 510700733398367 发票专用章

收款人：　　　　　复核：　　　　　开票人：林静　　　　　销货单位：（章）

中国农业银行
转账支票存根（川）

$\frac{CB}{02}$ 12531200

科　　目＿＿＿＿＿＿＿＿＿＿＿＿＿＿＿＿

对方科目＿＿＿＿＿＿＿＿＿＿＿＿＿＿＿＿

出票日期　2010 年 12 月 30 日

收款人：绵阳市电业局
金额：94 519.62 元
用途：付电费
备注：

单位主管　林方　　　会计　夏琳

43 $\frac{5}{6}$

农业银行进账单（回单）　1

2010 年 12 月 30 日　　　　　　　　第 126 号

出票人	全　　称	四川希望果蔬饮品有限责任公司	收款人	全　　称	绵阳市电业局									
	账　　号	210101040005181		账　　号	07020140200000231									
	开户银行	农行绵阳市分行高新支行		开户银行	市商业银行临江支行									

人民币（大写）	人民币：玖万肆仟伍佰壹拾玖圆陆角贰分	千	百	十	万	千	百	十	元	角	分
				¥	9	4	5	1	9	6	2

票据种类	支票	票据张数	1
票据号码		12531200	

中国农业银行绵阳市
分行高新支行
2010.12.30
办讫章

（收款人开户行盖章）

备注：

此联是出票人开户银行交给出票人的回单

43 $\frac{6}{6}$

外 购 电 费 分 配 表

2010 年 12 月 30 日

应借科目		项　　目	耗用量（度）	单价（元）	金额（元）
生产成本	基本生产成本	黄瓜爽	93 709	0.40	37 483.60
		V 能维生素饮料	54 304	0.40	21 721.60
		小　　计	148 013	0.40	59 205.20
制造费用			12 987	0.40	5 194.80
管理费用			33 567	0.40	13 426.80
销售费用			7 398	0.40	2 959.20
合　　计			201 965	0.40	80 786.00

审核：　　　　　　　　记账：　　　　　　　　制单：

四川希望果蔬饮料有限责任公司发料凭证汇总表

2010 年 12 月 30 日　　　　　　　　　　　　　单位：元

材料类别 领用部门及用途		原 材 料					低值易耗品	包装物		
		白砂糖	黄瓜浓缩汁	红牛香精	一水柠檬酸	稳定剂	洗衣粉	热灌装瓶胚	黄瓜标签	红牛标签
基本生产车间	黄瓜爽	550.80	1 235.00			615.36		8 745.00	31.20	
	V 能维生素饮料	324.00		19 612.30	581.40	410.24		4 620.00		35.40
	车间一般消耗	259.20					875.20			
销售部门			123.50				929.90			
合　计		1 134.00	1 358.50	19 612.30	581.40	1 025.60	1 805.10	13 365.00	31.20	35.40

会计主管：　　　　　　　记账：　　　　　　　审核：

234

折旧计算表

2010 年 12 月 30 日

使用单位	月初应计提固定资产原值（元）	月折旧率（%）	月折旧额（元）
基本生产车间	1 584 561.00	0.005	7 922.81
管理部门	193 400.00	0.005	967.00
专设销售部门	85 000.00	0.005	425.00
合　　计			9 314.81

审核：　　　　　　　记账：　　　　　　　制单：夏琳

应缴城市维护建设税、教育费附加计算表

2010 年 12 月 30 日　　　　　　　　　　　　　单位：元

项目	计算基数	比例	金额
应缴城市维护建设税	39 245.49	7%	2 747.18
应缴教育费附加	39 245.49	3%	1 177.36

审核：　　　　　　　记账：　　　　　　　制单：夏琳

47 $\frac{1}{1}$

四川希望果蔬饮料有限责任公司
工资分配表

2010 年 12 月 30 日   单位：元

应借科目		项 目	应贷科目：应付职工薪酬					社会保险费	
			生产车间	生产车间	行政部门	销售部门	合计	提取比例	提取金额
生产成本	基本生产成本	黄瓜爽	65 800.00				65 800.00	25%	16 450.00
		V 能维生素饮料	51 800.00				51 800.00		12 950.00
		小 计	117 600.00				117 600.00		29 400.00
制造费用				13 100.00			13 100.00		3 275.00
管理费用					13 600.00		13 600.00		3 400.00
销售费用						29 500.00	29 500.00		7 375.00
合 计			117 600.00	13 100.00	13 600.00	29 500.00	173 800.00		43 450.00

会计主管：   审核：   记账：   制单：夏琳

235

48 $\frac{1}{1}$

四川希望果蔬饮料有限责任公司
计提工会经费、职工教育经费计算表

2010 年 12 月   单位：元

应借科目		项 目	工会经费		职工教育经费	
			提取比例	提取金额	提取比例	提取金额
生产成本	基本生产成本	黄瓜爽	2%	1 316.00	1.50%	987.00
		V 能维生素饮料		1 036.00		777.00
		小 计		2 352.00		1 764.00
制造费用				262.00		196.50
管理费用				272.00		204.00
销售费用				590.00		442.50
合 计				3 476.00		2 607.00

会计主管：   审核：   记账：   制单：夏琳

制造费用分配表

2010 年 12 月 30 日

分配对象＼项目	生产工人工资	分配率	应分配费用
黄瓜爽	65 800.00		17 614.66
V 能维生素饮料	51 800.00		13 870.85
合　计		0.2677	31 485.51

审核：　　　　　　　记账：　　　　　　　制单：

产品生产成本计算表

产品名称：黄瓜爽　　　　2010 年 12 月　　　　完工产品数量：7 000 件

成本项目	月初在产品成本	本月生产成本	生产成本合计	完工产品成本	
				总成本	单位成本
直接材料	5 300.00	48 660.96	53 960.96	53 960.96	7.71
直接人工	1 200.00	84 553.00	85 753.00	85 753.00	12.25
制造费用	1 440.00	17 614.66	19 054.66	19 054.66	2.72
合计	7 940.00	150 828.62	158 768.62	158 768.62	22.68

审核：　　　　　　　记账：　　　　　　　制表：夏琳

产品生产成本计算表

产品名称：V 能饮料　　　　2010 年 12 月　　　　完工产品数量：7 000 件

成本项目	月初在产品成本	本月生产成本	生产成本合计	完工产品成本	
				总成本	单位成本
直接材料	3 800.00	47 304.94	50 304.94	50 304.94	7.19
直接人工	800.00	66 563.00	67 363.00	67 363.00	9.63
制造费用	1 550.00	13 870.85	15 420.85	15 420.85	2.21
合计	6 150.00	127 738.79	133 088.79	133 088.79	19.03

审核：　　　　　　　记账：　　　　　　　制表：夏琳

$51\frac{1}{1}$

已销产品成本计算单

产品名称	月初结存			本月入库			本月销售			月末结存		
	数量	单位成本	金额	数量	单位成本	金额	数量	单位成本	金额	数量	单位成本	金额
黄瓜爽	300	25.78	7 734	7 000	22.68	158 768.62	6 800	22.8	155 097.62	500	22.8	11 405
V 能饮料	400	19.36	7 744	7 000	19.03	133 888.79	4 000	19.1	76 556.79	3 400	19.1	65 076

审核：　　　　　　　　　记账：　　　　　　　　　制表：夏琳

$52\frac{1}{1}$

损益类账户发生额表

账户名称	借方发生额	贷方发生额
主营业务收入		350 444.00
营业外收入		18 000.00
主营业务成本	231 654.41	
营业税金及附加	3 724.54	
管理费用	39 539.80	
销售费用	63 045.10	
财务费用		239.01
营业外支出	62.00	
合　　计	338 225.85	368 683.01

财务主管：　　　　　　　审核：　　　　　　　　　制单：夏琳

$53\frac{1}{1}$

应缴所得税计算表
2010 年 12 月 31 日
单位：元

项　　　目	金　　　额
1～11 月利润	269 000.00
12 月利润	30 457.16
全年利润总额	299 429.62
纳税调整额	—
全年应纳税所得额	299 457.16
所得税税率	25%
全年应纳所得税税额	74 864.29
全年已缴所得税	67 250.00
未缴所得税	7 614.29

财务主管：　　　　　　　审核：　　　　　　　　　制单：夏琳

利润分配计算表

2010 年 12 月 31 日   单位：元

项　　目	基数	比例	金额（元）
提取法定盈余公积	224 592.87	10%	22 459.29
应付投资者股利	224 592.87	40%	89 837.15
其中：绵阳市国有资产经营公司		60%	53 902.29
绵阳市兴达股份有限公司		40%	35 934.86
合　　计			112 296.44

财务主管：　　　　　　审核：　　　　　　　　制单：夏琳

六、实训用具

1. 实训用具一览表

实训用具一览表

	用具名称		单位	数量	备注
1	通用记账凭证		张	70	按顺序编号
2	记账凭证封面及包角		张	2	
3	科目汇总表		张	2	
4	账及账页				
	订本账	总账	张	50	
		现金日记账	张	1	
		银行存款日记账	张	2	
	三栏式	应收账款明细账	张	3	
	数量金额式	原材料明细账	张	5	
		库存商品明细账	张	2	
	多栏式	生产成本明细账	张	2	
5	财务报表				
	资产负债表		张	1	
	利润表		张	1	
6	总分类账户试算平衡表		张	1	
7	"原材料"总账及所属明细账试算平衡表		张	1	
8	"应收账款"总账及所属明细账试算平衡表		张	1	
9	"生产成本"总账及所属明细账试算平衡表		张	1	
10	"库存商品"总账及所属明细账试算平衡表		张	1	
11	账簿封面		张	1	所有账簿按顺序合订一本，用口取纸区分
12	账绳		根	1	
13	账夹		付	2	
14	口取纸		张	若干	
15	胶水		瓶	1	
16	记账专用笔		支	红蓝各一支	
17	直尺		把	1	
18	实训报告		份	1	
19	会计档案袋		个	1	全部实训资料袋入袋内

2. 科目汇总表（汇字第 1 号）

科目汇总表

年　　月　　日

汇字第 1 号

科目名称	本期发生额		记账凭证起讫号码
	借方	贷方	
库存现金			
银行存款			
应收票据			
应收账款			
预付账款			
其他应收款			
在途物资			
原材料			
周转材料			
固定资产			
无形资产			
短期投资			
应付账款			
应交税费			
应付职工薪酬			
主营业务收入			
营业外收入			
管理费用			
实收资本			
合　　计			

财务主管：　　　　　　　　审核：　　　　　　　　制单：

3. 科目汇总表（汇字第 2 号）

科目汇总表

年　　月　　日

科目名称	本期发生额		记账凭证起讫号码
	借方	贷方	
库存现金			
银行存款			
应收账款			
预付账款			
其他应收款			
原材料			
周转材料			
库存商品			
累计折旧			
待处理财产损溢			
应付职工薪酬			
应交税费			
其他应付款			
应付利息			
应付股利			
盈余公积			
本年利润			
利润分配			
生产成本			
制造费用			
主营业务收入			
主营业务成本			
营业税金及附加			
销售费用			
管理费用			
财务费用			
营业外支出			
所得税费用			
合　计			

财务主管：　　　　　　审核：　　　　　　制单：

4. 总分类账户试算平衡表

总分类账户试算平衡表

年　　月　　日

科目名称	期初余额		本期发生额		期末余额	
	借方	贷方	借方	贷方	借方	贷方
库存现金						
银行存款						
应收票据						
应收账款						
预付账款						
其他应收款						
在途物资						
原材料						
周转材料						
库存商品						
固定资产						
累计折旧						
无形资产						
待处理财产损溢						
短期借款						
应付账款						
其他应付款						
应付职工薪酬						
应交税费						
应付股利						
实收资本						
资本公积						
盈余公积						
本年利润						
利润分配						
生产成本						
制造费用						
主营业务收入						
营业外收入						
主营业务成本						
营业税金及附加						
销售费用						
管理费用						
财务费用						
营业外支出						
所得税费用						
合计						

财务主管：　　　　　　　　审核：　　　　　　　　　　制单：

5. "原材料"总账与所属明细账试算平衡表

"原材料"总账与所属明细账试算平衡表

年　　月

明细分类账户	期初余额		本期发生额		期末余额	
	借方	贷方	借方	贷方	借方	贷方
合　计						

财务主管：　　　　　　　　审核：　　　　　　　　　　制单：

6. "应收账款"总账与所属明细账试算平衡表

"应收账款"总账与所属明细账试算平衡表

年　　月

明细分类账户	期初余额		本期发生额		期末余额	
	借方	贷方	借方	贷方	借方	贷方
合　计						

财务主管：　　　　　　　　审核：　　　　　　　　　　制单：

7. "生产成本"总账与所属明细账试算平衡表

"生产成本"总账与所属明细账试算平衡表

年　　月

明细分类账户	期初余额		本期发生额		期末余额	
	借方	贷方	借方	贷方	借方	贷方
合　计						

财务主管：　　　　　　　　审核：　　　　　　　　　　制单：

8. "库存商品"总账与所属明细账试算平衡表

"库存商品"总账与所属明细账试算平衡表
年　月

明细分类账户	期初余额		本期发生额		期末余额	
	借方	贷方	借方	贷方	借方	贷方
合　计						

财务主管：　　　　　　　　审核：　　　　　　　　制单：

9. 总分类账

总　账

会计科目＿＿＿＿＿＿＿＿　　　　　　　　　　　　　　总第　页

年		凭证		摘　要	借　方	√	贷　方	√	借或贷	余　额	核对
月	日	种类	号数								

10. 库存现金日记账

库存现金 日记账

_____年度 第 页

年		凭证		摘 要	对方科目	总页	借　方	√	贷　方	√	余　额	核对
月	日	种类	号数									

11. 银行存款日记账

银行存款 日记账

_____年度 第 页

年		凭证		摘 要	对方科目	总页	借　方	√	贷　方	√	余　额	核对
月	日	种类	号数									

12. 三栏式明细分类账

明细账

_____年度　　　　　　　　　　　　　第___页

| 年 | | 凭证 | | 摘　要 | 借　方 | ∨ | 贷　方 | ∨ | 借或贷 | 余　额 | 核对 |
月	日	种类	号数								

13. 数量金额式明细账

第　页

明　细　账

最高储备量_____　类　别_____　储备定额_____　编　号_____　规　格_____
最低储备量_____　存放地点_____　计划单价_____　计量单位_____　名　称_____

| 年 | | 凭证 | | 摘　要 | 收　入 | | | 发　出 | | | 结　余 | | | 核对 |
月	日	种类	号数		数量	单价	金　额	数量	单价	金　额	数量	单价	金　额	

14. 多栏式明细账

_____车间
_____产品　　　　_____明细账

| 年 | | 凭证 | | 摘　要 | 直接材料 | 直接人工 | 制造费用 | 合　计 | 核对 |
月	日	种类	号数						

15. 资产负债表

资产负债表

制表单位：　　　　　　　　　　　　年　月　日　　　　　　　　　　　　单位：元

资　产	期末余额	年初余额	负债和所有者权益 （或股东权益）	期末余额	年初余额
流动资产：			流动负债：		
货币资金			短期借款		
交易性金融资产			交易性金融负债		
应收票据			应付票据		
应收账款			应付账款		
预付款项			预收款项		
应收利息			应付职工薪酬		
应收股利			应交税费		
其他应收款			应付利息		
存货			应付股利		
一年内到期的非流动资产			其他应付款		
其他流动资产			一年内到期的非流动负债		
流动资产合计			其他流动负债		
非流动资产：			流动负债合计		
可供出售金融资产			非流动负债：		
持有至到期投资			长期借款		
长期应收款			应付债券		
长期股权投资			长期应付款		
投资性房地产			专项应付款		
固定资产			预计负债		
在建工程			递延所得税负债		
工程物资			其他非流动负债		
固定资产清理			非流动负债合计		
生产性生物资产			负债合计		
油气资产			所有者权益(或股东权益)：		
无形资产			实收资本（或股本）		
研发支出			资本公积		
商誉			减：库存股		
长期待摊费用			盈余公积		
递延所得税资产			未分配利润		
其他非流动资产			所有者权益（或股东权益）合计		
非流动资产合计					
资产总计			负债和所有者权益（或股东权益）总计		

16. 利润表

利 润 表

会企 02 表

编制单位：

年　　月

单位：元

项目	（1－12月） 本期金额	（上年金额） 上期金额
一、营业收入		
减：营业成本		
营业税金及附加		
销售费用		
管理费用		
财务费用		
资产减值损失		
加：公允价值变动收益（损失以"－"号填列）		
投资收益（损失以"－"号填列）		
其中：对联营企业和合营企业的投资收益		
二、营业利润（亏损以"－"号填列）		
加：营业外收入		
减：营业外支出		
其中：非流动资产处置损失		
三、利润总额（亏损总额以"－"号填列）		
减：所得税费用		
四、净利益（净亏损以"－"号填列）		
五、每股收益：		
（一）基本每股收益		
（二）稀释每股收益		

图书在版编目(CIP)数据

会计学基础实训与指导/李洛嘉主编. —2 版. —成都:西南财经大学出版社,2011.3(2012.8重印)

ISBN 978 - 7 - 5504 - 0189 - 1

Ⅰ.①会…　Ⅱ.①李…　Ⅲ.①会计学—高等学校:技术学校—教学参考资料　Ⅳ.①F230

中国版本图书馆 CIP 数据核字(2011)第 024811 号

会计学基础实训与指导(第二版)

主　　编:李洛嘉

副主编:游秋琳　陈苑红

策　　划:肖　勋

责任编辑:植　苗

助理编辑:王林一　高小田

封面设计:杨红鹰

责任印制:封俊川

出版发行	西南财经大学出版社(四川省成都市光华村街 55 号)
网　　址	http://www.bookcj.com
电子邮件	bookcj@ foxmail.com
邮政编码	610074
电　　话	028 - 87353785　87352368
照　　排	四川胜翔数码印务设计有限公司
印　　刷	郫县犀浦印刷厂
成品尺寸	185mm×260mm
印　　张	16
字　　数	360 千字
版　　次	2011 年 3 月第 2 版
印　　次	2012 年 8 月第 2 次印刷
印　　数	3001— 6000 册
书　　号	ISBN 978 - 7 - 5504 - 0189 - 1
定　　价	29.80 元